O fator

ego

"Finalmente um livro que aborda o maior problema do mundo corporativo atual: os egos inflados – principalmente daqueles que estão no topo da escala administrativa. Marcum e Smith fornecem muitos conselhos úteis sobre como lidar com o próprio ego e com os das pessoas com quem você trabalha. Um livro brilhante e muitíssimo necessário."

– AL RIES, co-autor de *A origem das marcas*

"De Freud à moderna neurociência, aprendemos que o ego é a força que leva às decisões que determinam nosso destino. Este livro revela como utilizar esse poder para o desenvolvimento pessoal e o bem comum. Uma obra que todos os líderes deveriam ler."

– DR. WARREN BENNIS, professor da Universidade do Sul da Califórnia, autor de *A formação do líder* e *A invenção de uma vida*

"Um livro fantástico, verdadeiro e absolutamente necessário. O ego é o oposto da consciência. Ele faz interpretações a partir de sua própria ótica e nos domina. Só quando a consciência e a humildade o controlam a confiança e a ambição se voltam para questões importantes, que levam ao engrandecimento da sociedade. Então a integridade se torna o bem mais valioso – a essência da verdadeira lealdade."

– STEPHEN R. COVEY, autor de *Princípios essenciais das pessoas altamente eficazes* e *Os 7 hábitos das pessoas altamente eficazes*

"Marcum e Smith provam que é possível ser líder e manter a autoconfiança sem os aspectos negativos do ego. Um livro repleto de idéias úteis a todos os líderes."

– DAVE ULRICH, Ph.D., professor da Universidade de Michigan, autor de *Os campeões de recursos humanos* e co-autor de *The Leadership Brand*

"A egonomia é um excelente remédio! Neste livro divertido e repleto de questões relevantes, Marcum e Smith mostram como progredir sem deixar que o sucesso suba à cabeça."

– DR. MARSHALL GOLDSMITH, autor de *Coaching: O exercício da liderança* e *Reiventando o seu próprio sucesso*

"Após extraordinárias amostras de arrogância na história recente do mundo dos negócios, é reconfortante ler sobre a egonomia. Este livro é um atraente estudo sobre a importância prática da humildade e da veracidade no ambiente empresarial."

– ALAN DEUTSCHMAN, autor de *Mude ou morra*

O fator ego

David Marcum e Steven Smith

SEXTANTE

Título original: *Egonomics*

Publicado em acordo com Fireside, um selo de Simon & Schuster, Inc.

tradução
Sonia Schwarts

preparo de originais
Sergio Rodrigues

revisão
Ana Grillo, Luis Américo Costa e Sheila Til

projeto gráfico e diagramação
DTPhoenix Editorial

capa
Miriam Lerner

pré-impressão
ô de casa

impressão e acabamento
Cromosete Gráfica e Editora Ltda.

CIP-BRASIL. CATALOGAÇÃO-NA-FONTE
SINDICATO NACIONAL DOS EDITORES DE LIVROS, RJ

M277f Marcum, David, 1960-
O fator ego: Como o ego pode ser seu maior aliado ou seu maior inimigo / David Marcum & Steven Smith [tradução de Sonia Schwarts]. – Rio de Janeiro: Sextante, 2009.

Tradução de: Egonomics
ISBN 978-85-7542-487-2

1. Sucesso nos negócios – Aspectos psicológicos. 2. Ego (Psicologia). 3. Liderança – Aspectos psicológicos. 4. Humildade. 5. Autoconfiança. I. Smith, Steven, 1964-. II. Título.

CDD: 658.409019
09-2402 CDU: 65.011.4

GMT Editores Ltda.
Rua Voluntários da Pátria, 45 – Gr. 1.404 – Botafogo
22270-000 – Rio de Janeiro – RJ
Tel.: (21) 2286-9944 – Fax: (21) 2286-9244
E-mail: atendimento@esextante.com.br
www.sextante.com.br

Sumário

1
O ego e o resultado final

Qualquer boa idéia que tenhamos e qualquer boa ação que façamos nos predispõem ao orgulho e, conseqüentemente, nos expõem a vários acessos de vaidade e auto-satisfação.

WILLIAM LAW

O ego é uma linha invisível no balanço de perdas e lucros de qualquer empresa.

É provável que, ao ler a primeira linha deste capítulo, a idéia de que o ego é *lucrativo* não tenha sido exatamente a primeira a chamar sua atenção. Mas, apesar da reputação negativa, o ego não é apenas *perda*. No lado do lucro, ele desperta o impulso para inventar e conquistar, a coragem para experimentar o novo e a tenacidade para superar as dificuldades que inevitavelmente surgirão. Por mais surpreendente que possa parecer, muitas pessoas não têm ego suficiente, e isso gera insegurança, falta de empenho e apatia, que paralisam culturas e líderes.

O potencial que tem o ego para trabalhar a nosso favor ou contra nós está presente em todas as reuniões de equipe, conselhos de diretoria, análises de desempenho, conversas com clientes, negociações de contrato e entrevistas de emprego. Se o administrarmos com sabedoria, poderemos obter o melhor que ele oferece e, desse modo, ter grande retorno. Mas, quando essa força interior intensa e persistente nos controla, as empresas sofrem perdas econômicas consideráveis.

Em nossas pesquisas, mais da metade de todos os empresários calcula que o ego lhes custe de 6 a 15% da receita anual de suas companhias; muitos acreditam que tal estimativa seja demasiadamente conservadora. Mas, mesmo que ele custe apenas 6% da receita, o seu custo anual – segundo o cálculo das pessoas que trabalham para produzir essa receita – será de aproximadamente US$ 1,1 bilhão para uma empresa que esteja na média da lista das 500 maiores da revista *Fortune*. Esse valor quase se equipara ao lucro médio anual dessas mesmas corporações. Mas, quando fazem tais cálculos, sobre o que as pessoas pensam? Em geral, sobre a última vez que colidiram com o ego de alguém ou sobre as mais recentes manchetes dos jornais.

Sob a liderança de David Maxwell e, depois dele, de James Johnson, a agência de refinanciamento hipotecário Fannie Mae apresentou um desempenho incomparável entre 1981 e 1999, superando o mercado geral de ações em quase quatro vezes. Em *Empresas feitas para vencer*, estudo realizado por Jim Collins com 1.435 empresas, a Fannie Mae foi listada como uma de apenas 11 companhias que tinham conseguido atingir e sustentar um desempenho sem igual, com líderes à altura desse resultado. No entanto, em 1º de janeiro de 1999, Franklin Raines substituiu Johnson como CEO. Cinco anos depois, por pressão do conselho de diretores da Fannie Mae, Raines pediu demissão por ter feito uso de práticas contábeis questionáveis. "Por meio de minha aposentadoria precoce", disse Raines, "assumo a responsabilidade."

Por ironia, poucos anos antes, em 2002, Raines fora convidado a testemunhar sobre o colapso da Enron perante o Congresso. Ele disse então aos legisladores: "É totalmente irresponsável e inaceitável que líderes corporativos digam que nada sabem – ou sugiram que não é obrigação deles saber – sobre as operações e as atividades de suas empresas, em especial quando se trata de riscos que ameaçam a própria viabilidade delas." Raines saiu da Fannie Mae com um acordo de aposentadoria estimado em cerca de US$ 25 milhões e uma indenização de aproximadamente US$ 90 milhões. Em 22 de dezembro de 2004, foi substituído por Daniel Mudd.

Enquanto escrevíamos este capítulo, um colega nos enviou, por e-mail, o despacho de uma agência de notícias. "Acordo da Fannie alcança US$ 400 milhões", anunciava o título. A primeira linha dizia que "a '*arrogante* e antiética' cultura corporativa da Fannie Mae provocou um escândalo contábil de US$ 11 bilhões na gigantesca agência de hipotecas, disseram os legisladores federais ao anunciar um acordo de US$ 400 milhões com a empresa na terça-feira" (o grifo é nosso). A liderança de Daniel Mudd também foi questionada. Bethany McLean, da *Fortune,* escreveu: "A Fannie se considerava tão diferente, tão especial e tão poderosa que jamais precisaria dar explicações a ninguém. E nesse aspecto, como se viu, estava muito errada." A Fannie Mae levou quase 20 anos para passar de boa a ótima e menos de cinco anos para ir de ótima a boa e daí a ter que ser incorporada pelo governo dos Estados Unidos em 2008, para evitar sua falência.

O risco dessas manchetes sobre egos fora de controle, ou sobre o impacto brutal da longa construção de uma cultura baseada no ego, é dizermos para nós mesmos: "*Nunca* faríamos isso. Simplesmente não somos tão ruins assim." O que é verdade. Noventa e nove por cento de nós jamais seremos como Dennis Kozlowski (Tyco), Ken Lay e Jeffrey Skilling (Enron), Bernie Ebbers (WorldCom) ou Martha Stewart. Não iremos para a prisão nem provocaremos sozinhos o colapso de nossas empresas – e é precisamente essa a armadilha.

Como tais histórias são extremas, elas raramente nos levam a perguntar "Será que *alguma* parte disso está acontecendo na *nos-*

sa empresa?", "E quanto à *minha* equipe?" ou "E quanto a *mim*?". E dessa forma nós nos desligamos do problema sem atentar para comportamentos que, mesmo sem jamais se tornarem tão graves, comprometem nossa capacidade, devagar e sempre. Como autores, podemos garantir, por experiência própria e com base em nossas pesquisas, que comportamentos motivados pelo ego raramente se tornam extremos em algum momento. "Começamos muito bem", nos disse o gerente de uma empresa da lista das 500 maiores da *Fortune*. "Com o passar do tempo, essa excelência inflou nosso ego, que então nos levou de volta a um nível apenas bom. Agora temos que começar de novo. Não nos demos conta de que nossos egos estavam crescendo tanto à medida que avançávamos."

As organizações raramente têm em seus quadros escassez de pessoas com talento, garra, QI, imaginação, visão, educação, experiência ou desejo. Como consultores, em nossas conversas com líderes e administradores após projetos fracassados ou resultados medianos, nós ouvimos com freqüência: "Ele é muito criativo, mas..." Ou: "Ela tem uma visão incrível; se ao menos conseguisse..." Ou ainda: "Estávamos no caminho certo e então, de repente..." Aquilo que modera os elogios está constantemente associado ao crescimento de um único fator – o ego. Se os custos são tão altos e persistentes, por que as pessoas se agarram ao ego com tanta força e, em alguns casos, até brigam por causa dele? Esta é uma pergunta que, a princípio, nós mesmos não conseguíamos responder.

Desvantagem ou vantagem?

Iniciamos nossa pesquisa com a premissa de que o ego era prejudicial e precisava ser suprimido a sangue-frio – pelo menos de uma perspectiva empresarial – porque representava um custo oculto sem retorno algum. Na verdade, o título provisório deste livro foi, durante muito tempo, *Sem ego*. Por quase dois anos, essa visão pareceu justificada tanto pela micro quanto pela macroegonomia. No nível micro, Roy Baumeister, da Universidade Estadual da Flórida, e Liqing Zhang, da Universidade Carnegie Mellon, realizaram uma série de experiências projetadas para revelar quais decisões financeiras as pessoas tomariam se seus egos estivessem ameaçados.

Em uma experiência os pesquisadores as dividiram em dois grupos: o dos "ameaçados pelo ego" e o dos "não ameaçados pelo ego". Ambos os grupos receberam as mesmas instruções: vocês estão prestes a participar de um leilão, só que contra apenas uma pessoa, que vocês estarão obviamente tentando derrotar. O objetivo é comprar um dólar. A meta é obter este dólar pelo menor valor, mas vocês poderão gastar até cinco dólares para consegui-lo. Porém, antes do início, a cada participante do grupo dos "ameaçados pelo ego" foi dito: "Se você é o tipo de pessoa que costuma ceder sob pressão ou que acha que não tem garra suficiente para ganhar dinheiro, talvez prefira não correr riscos. Mas a decisão é sua."

Enquanto os lances disparavam, em quase todas as ocasiões as pessoas que estavam no grupo dos "ameaçados pelo ego" faziam lances mais altos do que aquelas que não estavam tentando proteger seus egos. Após uma prolongada guerra de lances, os participantes cujos egos tinham algo a provar gastaram até US$ 3,71 para tentar comprar um dólar. Na realidade, quanto mais elevada era sua auto-estima, mais dinheiro perdiam. A experiência ilustrou como o ego aprisiona as pessoas em empreendimentos custosos, prejudiciais e arriscados. Mais tarde, quando foram entrevistados, os participantes que tinham gastado mais dinheiro para "vencer" demonstraram se sentir mal não apenas em relação às quantias que tinham dilapidado, mas também e sobretudo em relação à sua própria auto-estima. Ou seja, perderam dinheiro *e* a confiança em si mesmos.

Por causa do ego "as pessoas tendem a se tornar prisioneiras (...) e jogam fora um bom dinheiro por causa de decisões ruins", disseram Baumeister e Zhang. "Ficam presas em escolhas de carreira rígidas, supervisores se tornam demasiadamente comprometidos com funcionários sobre os quais emitiram opiniões favoráveis na hora da contratação, executivos seniores de bancos agravam o comprometimento de suas instituições com empréstimos problemáticos [porque *eles* aprovaram os empréstimos, para início de conversa] e empresários e investidores se vêem atados a projetos não lucrativos." A conclusão dessa extensa pesquisa foi que, quando sentem que seus egos estão ameaçados, as pessoas tomam "decisões que não seriam tão boas quando julgadas a partir da perspectiva dos resultados financeiros".

No nível macro, o desempenho sofre quando o ego tem impacto negativo sobre *a maneira* como produzimos. Paul Nutt, da Universidade Estadual de Ohio, realizou durante mais de duas décadas pesquisas sobre os motivos de decisões empresariais não darem certo em centenas de organizações. Ao avaliar por que 50% das decisões fracassam, ele descobriu três razões principais:

- Mais de um terço de todas as decisões empresariais que não dão certo são motivadas pelo ego.
- Após tomarem uma decisão, aproximadamente dois terços dos executivos jamais consideram alternativas.
- Oitenta e um por cento dos administradores põem em execução suas decisões por meio de persuasão ou simples ordens, e não pelo valor das idéias.

Nos últimos cinco anos, avaliamos milhares de pessoas que participaram de nossas sessões de liderança e lhes pedimos que escrevessem as primeiras palavras que vinham à mente quando outras eram mostradas. Se a palavra "ego" surgisse diante de seus olhos, o que *você* escreveria? Noventa e dois por cento das respostas imediatas foram negativas. "Arrogante" é a palavra mais mencionada, numa razão de quase uma vez a cada cinco; a seguir vêm "egocêntrico", "inseguro", "tacanho", "defensivo", "presunçoso" e "condescendente", para abreviar a lista. Ouvindo como as pessoas se referem ao ego – sobretudo o dos outros –, é fácil captar a mensagem de que o ego é um inimigo.

Por exemplo, se você está em uma reunião de uma hora de duração e, no 43º minuto, alguém deixa seu ego assumir o controle, qual minuto será lembrado? Que efeito aquele momento terá sobre os 42 minutos anteriores? Na pior das hipóteses, eles serão apagados. O que acontecerá aos 17 minutos seguintes? Na melhor das hipóteses, ficarão comprometidos. E, após a reunião, quanto tempo será desperdiçado em conversas sobre o que aconteceu ali? Poderemos não nos lembrar daquele exato minuto, mas teremos que lidar com seu impacto. Se o ego não acabar com a reunião, certamente deixará nela um belo arranhão.

Em nossa contínua busca por respostas, entrevistamos, observamos e analisamos pessoas de diversos ramos e disciplinas para descobrir por que elas fazem o que fazem. Esquadrinhando centenas de artigos sobre negócios, periódicos e uma vasta gama de revistas de psicologia, retomamos o estudo sobre literatura de liderança e administração a partir de 1944, quando Peter Drucker começou a chamar atenção para a necessidade contemporânea de um tipo diferenciado de administração. Embora muitos livros contivessem idéias interessantes, apenas uns poucos puderam ser considerados divisores de águas sob nossos critérios – aqueles cujas idéias foram tão poderosas que mudaram o modo de pensar do público em relação aos negócios.

Livros como *O gerente eficaz*, *Vencendo a crise*, *Feitas para durar* e *Primeiro quebre todas as regras* definiram o que destaca uma categoria de líder ou de empresa daquilo que é considerado típico. Examinando-os caso a caso, percebemos que a maioria delineava técnicas, estratégias e táticas de mudança, só que essas teorias e práticas não levavam em conta a diferença entre aquilo que lemos e aquilo que vemos na vida real quando o ego está em ação. Para quase todos os efeitos, o ego parecia confirmar definitivamente seu lugar na lista dos criminosos mais procurados do mundo dos negócios.

No entanto, existe um outro lado nessa história.

Ego 2.0

A palavra ego vem do latim, língua na qual tem o sentido de "eu, eu mesmo". Em geral, o que as pessoas querem dizer quando falam de ego é que *outra* pessoa é tão egocêntrica e absorta em si mesma que não consegue enxergar mais nada. No entanto, "eu, eu mesmo" nem sempre significa ensimesmado. Se você abrir um dicionário ou um livro de psicologia no verbete "ego", logo verá que a idéia de "um exacerbado senso de imodéstia" é logo seguida da definição "autoconfiança". Para aquele mesmo público estudado e mencionado anteriormente, a palavra ego também tinha um significado positivo: em 8% dos casos apareciam palavras como "autoconfiança", "auto-estima", "liberal" e "ambicioso", com o termo "confiança" citado quase uma vez a cada dez. **Quanto mais extensa se tornava a nossa investigação, mais parecia existir uma ironia contida na palavra ego: era ao mesmo tempo um bem valioso e um grande estorvo.** Tendo essa dupla natureza em mente, direcionamos nossa busca para o que move o ego em uma ou outra direção.

Quis o destino que um dos mais produtivos autores sobre o mundo dos negócios dos últimos 50 anos, Jim Collins, estivesse numa trilha paralela à do nosso trabalho inicial. Em *Empresas feitas para vencer*, Collins declarou que dois terços das empresas que não conseguiam passar do nível bom para o ótimo eram prejudicadas pela "enorme presença do ego pessoal, que contribuía para o fim ou para a reiterada mediocridade da empresa". Quanto às empresas que conseguiram passar de bom para ótimo, Collins descobriu dois traços distintivos em seus líderes: intensa determinação profissional e extrema humildade pessoal. Ele chamou essa rara combinação de liderança de "Nível 5".

Quando descreveu suas descobertas para um grupo de executivos antes do lançamento do livro, uma recém-nomeada diretora executiva disse: "Acredito naquilo que o senhor diz sobre os líderes bons-para-ótimos, mas fico preocupada porque, quando me olho no espelho, vejo que não estou no Nível 5, pelo menos não ainda. A tenacidade do meu ego é parte do motivo de eu ter conseguido meu emprego. O senhor está me dizendo que não poderei fazer esta empresa se tornar ótima se eu não for Nível 5?" Evitando um sim definitivo, Jim apontou para as evidências que corroboravam suas descobertas. O grupo permaneceu em silêncio por um momento e, em seguida, ela fez sua próxima pergunta: "É possível aprender a se tornar um Nível 5?"

Ele respondeu dizendo que há duas categorias de pessoas: aquelas que não levam jeito e aquelas que levam. "A primeira categoria é formada por pessoas que não poderiam jamais, nem em um milhão de anos, se obrigar a subjugar seus próprios interesses à enorme ambição de construir algo maior e mais duradouro do que elas mesmas", disse Collins. "A segunda categoria de pessoas – e, creio, o grupo maior – é formada por aqueles que têm o potencial de evoluir para o Nível 5; a capacidade existe dentro delas, talvez escondida ou ignorada, mas mesmo assim presente. E, nas circunstâncias corretas – autocrítica, desenvolvimento pessoal consciente, um mentor, um excelente professor... –, elas começam a evoluir." Foi neste ponto que Collins encerrou sua resposta.

Para responder à pergunta da diretora executiva com mais profundidade, uma série de outras perguntas precisariam ser feitas e respondidas – perguntas que vínhamos formulando há anos: O que existe no ego que faz com que líderes conduzam suas organizações para bons desempenhos mas que os impede, por causa da falta de humildade, de atingir a excelência? Se o ego é algo que precisamos ter se quisermos alcançar o sucesso, por que o fato de tê-lo muitas vezes interfere no sucesso que buscamos? Será que existem hábitos que poderiam ser desenvolvidos para controlar o poder do ego? Será que ele deve ser controlado, para começo de conversa? Se a humildade é tão poderosa e essencial para a liderança Nível 5, por que um número maior de pessoas não a possui? Ser humilde é algo que pode ser aprendido? Se o ego e a humildade não conseguem coexistir, qual deles precisa ceder e que mudanças são necessárias?

A *egonomia* é o resultado das respostas a essas perguntas. Acreditamos que tais descobertas representem a diferença entre o ego que trabalha contra nós, como uma desvantagem, e o que trabalha para nós, como uma qualidade cada vez mais valorizada. Quando o administramos com eficácia, o lado bom do ego é tão forte quanto o ruim. O primeiro passo a ser dado é compreender o que significa "ego" e como ele funciona.

A saúde egonômica

Para fazer uma analogia de como o ego age, visualize o funcionamento de nossos corpos. Para manter o corpo saudável, o sistema imunológico cria moléculas chamadas radicais livres que combatem os vírus e as bactérias. Porém, quando fatores ambientais, tais como a poluição e os pesticidas, fazem com que a produção de radicais livres se torne excessiva, as moléculas atacam não apenas os vírus e as bactérias, mas também as células saudáveis e o tecido vital, causando doenças, envelhecimento precoce, câncer e outras enfermidades.

O ego é um radical livre.

Na dose certa, ele é inerentemente positivo, fornece um nível saudável de confiança e ambição – e afasta a insegurança, o medo e a apatia. Mas, se for deixado solto, ele sai para caçar. As "células" primárias do ego atacam nossos talentos e nossas habilidades – seja através da confiança excessiva, da ilusão de que somos melhores do que realmente somos, seja nos roubando a segurança, de modo que perdemos a confiança na nossa habilidade para usar esses talentos com eficácia. **O poder do ego é abrangente e incansável, mas jamais neutro na maneira como afeta nosso desempenho.** Com base em décadas de trabalhos sobre a personalidade elaborados por especialistas como Katharine Cook Briggs e Isabel Briggs Myers, Carl Jung e Taylor Hartman, segue abaixo uma lista de qualidades e características que abrangem a maioria dos tipos de personalidade. Assinale de três a cinco dos seus pontos mais fortes:

1. ❒ confiante
2. ❒ analítico
3. ❒ flexível
4. ❒ carismático
5. ❒ comprometido
6. ❒ decidido
7. ❒ dedicado
8. ❒ impositivo
9. ❒ apaixonado
10. ❒ confiável
11. ❒ otimista
12. ❒ liberal
13. ❒ perspicaz
14. ❒ leal
15. ❒ crédulo
16. ❒ obstinado
17. ❒ pragmático
18. ❒ autoconfiante
19. ❒ franco
20. ❒ atento
21. ❒ diplomático
22. ❒ determinado
23. ❒ corajoso
24. ❒ criativo
25. ❒ disciplinado
26. ❒ inteligente
27. ❒ independente

Cada uma dessas qualidades contribui para que sejamos quem somos. Manter esses traços inalterados nos torna empregáveis, aptos a receber promoções e a fazer contribuições diferenciadas às empresas em que trabalhamos. Se nos livrássemos do ego, perderíamos aquilo que ele fornece – a confiança e a ambição para nos desenvolvermos e aproveitarmos nossos talentos e traços. No entanto, essas qualidades nem sempre trabalham a nosso favor quando perdemos o controle.

De bom a prejudicial

Quando não controlamos o grande poder do ego de maneira eficiente, ele estraga nossas qualidades e as transforma em defeitos. Por meio da confiança ou ambição excessivas, insegurança ou egocentrismo, nossas qualidades assumem uma aparência ligeiramente diferente, mas provocam um impacto significativamente distinto. Olhando a mesma lista de qualidades que apresentamos anteriormente, encontre aquelas que você havia marcado e as transfira para a lista a seguir.

o retorno do ego equilibrado	risco egoísta
1. ❒ confiante	agressivo
2. ❒ analítico	pessimista
3. ❒ flexível	fraco
4. ❒ carismático	manipulador
5. ❒ comprometido	dominador
6. ❒ decidido	apressado
7. ❒ dedicado	teimoso
8. ❒ impositivo	ditatorial
9. ❒ apaixonado	excessivamente zeloso
10. ❒ confiável	rígido

o retorno do ego equilibrado	risco egoísta
11. ❑ otimista	sonhador
12. ❑ liberal	descuidado
13. ❑ perspicaz	crítico demais
14. ❑ leal	cego
15. ❑ crédulo	ingênuo
16. ❑ dominador	inflexível
17. ❑ pragmático	sem imaginação
18. ❑ autoconfiante	egocêntrico
19. ❑ franco	egoísta
20. ❑ atento	ansioso
21. ❑ diplomático	politiqueiro
22. ❑ determinado	teimoso
23. ❑ corajoso	precipitado
24. ❑ criativo	delirante
25. ❑ disciplinado	castrador
26. ❑ inteligente	sabe-tudo
27. ❑ independente	desinteressado

O ponto aqui não está no fato de que todos nós temos qualidades e defeitos: "Consigo enxergar o quadro mais amplo, mas não sou muito bom com detalhes" ou "Sou bom com números, mas me sinto desconfortável com pessoas". Isso é comum. O ponto crucial é que, quando o ego não está equilibrado (discutiremos isso com mais profundidade depois), ele transforma as nossas qualidades não em opostos absolutos, mas em falsos similares. Essa sutil modificação se torna nosso pior ponto cego porque os defeitos nos parecem quase iguais às qualidades. Embora não consigamos discernir a diferença, ela é bastante clara para os outros. Quando percebemos essas falhas em nós mesmos ou na cultura de trabalho onde estamos mergulhados, podemos ter certeza de que o ego é o culpado. O quadro a seguir mostra como as qualidades podem se transformar em defeitos, pondo em risco seu valor.

qualidades	**retornos**	**custos**
carismático	Delineia uma visão. Inspira os outros, atrai talentos e mantém as pessoas motivadas.	Manipula idéias ruins para que pareçam boas. As pessoas desconsideram o conteúdo em favor do estilo.
dedicado	Produz. Não deixa os obstáculos se sobreporem ao objetivo em mente. Encontra uma maneira de fazer as coisas. Não arranja desculpas.	Não considera alternativas. Resiste a mudanças, mesmo quando elas se provam melhores. Corta a criatividade em nome da "eficiência".
otimista	Não está congelado pela "realidade", especialmente quando é negativa. Consegue ajudar as pessoas a atravessar tempos difíceis sem perder de vista tempos melhores à frente. Mantém as coisas em perspectiva.	Não dá ouvidos às más notícias. Acha que uma postura mental positiva pode superar qualquer coisa. Rejeita más notícias, considerando-as falta de confiança, de visão ou pessimismo dos incrédulos.
franco	Fornece um caminho claro, enfrenta realidades duras, elimina as incertezas. Favorece a diversidade.	Cria ansiedade, não tem muito tato e, por conseguinte, ofende as pessoas. Intimida. Gera fofocas.

qualidades	retornos	custos
diplomático	Compreende as dinâmicas de funcionamento do grupo e facilita a discussão. Trabalha para incluir aqueles que precisam ser incluídos.	Faz politicagem. Cria divisões e coloca as pessoas umas contra as outras para promover suas próprias idéias. Manipula o processo. Concentra-se mais naqueles que vencem do que na melhor idéia.

Nota: O quadro completo de cada qualidade e seus respectivos retornos e custos pode ser encontrado em inglês no site www.egonomicslive.com.

Perdendo o controle do ego

Em 1996, duas empresas de alpinismo rivais atuavam separadamente, mas nas mesmas trilhas difíceis que levavam ao cume do monte Everest. Nove pessoas morreram nessas excursões. Ambas as expedições fatais foram guiadas por alpinistas com muita experiência no Everest: Rob Hall, da Nova Zelândia, e Scott Fischer, dos Estados Unidos. Ambos contavam com a ajuda de guias especializados e ambos já tinham guiado expedições bem-sucedidas anteriormente. Apesar de suas marcas inigualáveis, mesmo eles não estavam imunes às fraquezas humanas da confiança transformada em senso de infalibilidade e da determinação de não desistir. Jon Krakauer, um jornalista que participou da expedição de Hall para escrever uma história para a revista *Outside*, recapitula sua experiência no livro *No ar rarefeito*:

> *Com tantos alpinistas pouco qualificados afluindo para o Everest nos dias de hoje, muitas pessoas acreditam que uma tragédia desta magnitude já deveria ter acontecido. Só que ninguém imaginava que uma expedição comandada por Hall estaria no centro dela. Hall di-*

rigia a mais bem estruturada e segura operação na montanha, sem dúvida alguma. Então, o que houve? Como o que aconteceu pode ser explicado, não apenas para os entes queridos dos que morreram, mas também para um público crítico? A arrogância certamente teve alguma coisa a ver com aquilo. Hall tinha se tornado tão experiente em conduzir alpinistas de diversos graus de habilidade em expedições ao Everest que talvez tenha ficado um pouco convencido. Em várias ocasiões, ele se gabou de poder fazer com que quase qualquer pessoa razoavelmente preparada chegasse ao cume, e seu histórico parecia confirmar isso. Ele também tinha demonstrado uma extraordinária habilidade para contornar adversidades. Hall bem pode ter acreditado haver muito pouca coisa que não pudesse resolver.

[Além disso,] o relógio teve tanto a ver com a tragédia quanto as condições meteorológicas, e ignorar o relógio não pode ser visto como um ato de Deus. Atrasos em linhas fixadas poderiam facilmente ter sido evitados. Horários predeterminados de retorno foram solene e intencionalmente ignorados. Este último fato pode ter sido influenciado, até certo ponto, pela rivalidade entre Fischer e Hall. Fischer tinha uma personalidade carismática e esse carisma fora brilhantemente propagandeado. Fischer estava se esforçando muito para tomar o lugar de Hall, e Hall sabia disso. De certo modo, eles talvez estivessem brincando para ver quem desistia primeiro lá em cima, cada guia indo em frente com um olho no relógio, esperando para ver o outro desistir e voltar.

A maioria de nós não perde a vida quando perde o controle do ego momentaneamente – porém perde muito: confiança, respeito, relacionamentos, influência, talento, carreira, clientes e participação no mercado. De vez em quando, apesar de nossas qualificações, especialidades, carisma, histórico ou extraordinária capacidade, todos nós deixamos, talvez inconscientemente, que o ego enfraqueça nossas qualidades. Carly Fiorina, ex-CEO da Hewlett-Packard, orquestrou a altamente alardeada fusão entre a Compaq e a HP. Quando ficou evidente que o resultado da fusão não era aquele que se esperava, um executivo comentou: "Ela é uma executiva muito, muito inteligente, competente e talentosa. Ela não consegue engolir em seco e dizer 'Nós perdemos'. Outros empresários conseguem fazer isso e seguir em frente. Ela não." No início, a grande determinação e o incrível otimismo de Fiorina foram muito úteis para a HP. Ela foi considerada a mais poderosa executiva dos Estados Unidos pela revista *Fortune*. Porém, com o passar do tempo, o ego pareceu trabalhar contra ela, e sua excepcional determinação e seu incrível otimismo foram muitas vezes transformados em inflexibilidade e negação da realidade. Menos de três anos depois da fusão que defendera, ela foi demitida. O ego – para o bem ou para o mal – está tão profundamente enraizado em cada um de nós e, em conseqüência disso, na maneira como usamos nossos talentos para liderar, administrar, pensar, falar, escutar, decidir e agir que merece nossa total atenção em uma lista de prioridades.

O retorno do investimento

Quando uma organização investe em nós por causa de nossos talentos, ela também herda o potencial de contrafação desses talentos. "Uma grande organização precisa não apenas se adaptar ao fato de que cada funcionário é único, mas também capitalizar aquilo que os diferencia uns dos outros", escreveram Marcus Buckingham e Donald Clifton em *Descubra seus pontos fortes*. "Ela precisa estar atenta aos indícios de talentos naturais de cada funcionário e, então, posicionar e desenvolver esses talentos para que se transformem em legítimos pontos fortes." Igualmente importante para esse desenvolvimento é estar atento àqueles primeiros sinais de alerta emitidos pelo ego quando as habilidades naturais se tornam inimigos naturais.

Se o ego trabalha contra nós, quatro sinais precoces de perigo indicam que estamos perdendo valor: ser comparativo, ser defensivo, exibir superioridade e buscar aceitação. Quando tais sinais aparecem, estamos pondo nossos talentos a perder. Quanto maior for a intensidade ou a freqüência dos primeiros sinais de perigo, mais acentuada será a diminuição de valor. A maneira mais ou menos efetiva como administramos o ego determina a taxa de risco/recompensa para cada um de nós – se seremos o bem mais valioso para o negócio ou seu custo mais elevado.

Para calcular essa taxa, a próxima pergunta lógica que queríamos ver respondida, como autores, era com que freqüência as pessoas percebem que os talentos individuais e o valor da organização evaporam em nome do ego. Se a taxa de evaporação fosse baixa, estaríamos prontos para marcar o ego como um tópico interessante mas de impacto apenas moderado e ir em frente. No entanto, 63% dos empresários dizem que o ego afeta negativamente o desempenho no trabalho em bases diárias ou mesmo hora a hora, enquanto 31% afirmam que isso ocorre semanalmente. Ainda que recrutemos as melhores e mais inteligentes pessoas do mercado, mesmo depois que esses talentos estiverem em nossa folha de pagamento nós não os possuiremos *de fato* se o ego interferir na maneira como trabalhamos. Qualquer que seja a forma de calcular, um dado é estarrecedor: 35% dos administradores que assumem novos empregos não conseguem corresponder às expectativas e ou pedem demissão ou são demitidos num prazo de 18 meses.

Oferta e demanda de talentos

As empresas não apenas não podem se dar ao luxo de deixar que o ego enfraqueça talentos individuais como também não podem sustentar culturas egocêntricas. O diretor executivo de uma grande corporação que entrevistamos para este livro nos forneceu explicações sobre o progresso da sua empresa. Após elogiar dois concorrentes específicos, encerrou seus comentários dizendo o seguinte: "Eles são operacionalmente excelentes e de fato acho que suas performances são sustentáveis, mas eles não conseguem manter pessoas. A cultura deles não é saudável e eu provavelmente a descreveria como um pouco egoísta. Acredito que isso os manterá exatamente onde estão." Empresas como essas ficam estagnadas quando seus funcionários pedem demissão ou se distanciam mentalmente. Como conseqüência, a reputação da empresa no mercado de trabalho piora.

Essas organizações precisam, então, atrair talentos basicamente através do pagamento de bons salários, perdendo assim a oportunidade de atraí-los pelas oportunidades de crescimento que a empresa oferece ou pela vontade que os profissionais sentem de trabalhar lá. Pessoas que se esforçam para se manterem empregáveis não apostam suas carreiras em empresas em que as perspectivas de crescimento pessoal pareçam fracas e o emprego, instável. O talento procura abrigo em qualquer outro lugar. Deste modo, essas empresas se tornam menos competitivas e acabam marginalizadas pela falta de bons recursos humanos.

Se culturas desse tipo são tão predominantes quanto a maioria acha que são, então não deveríamos nos surpreender com o fato de 65% das pessoas empregadas estarem procurando novas colocações, nem com a descoberta de que 28 milhões de pessoas saem de seus empregos todos os anos. Embora certamente existam outros fatores que afetam esses números, o custo de US$ 50 mil por funcionário, entre contratação e treinamento, em todos os níveis funcionais e ramos de atividade, significa US$ 1,4 trilhão anual – ou US$ 7,5 milhões para uma empresa de porte médio, com mil funcionários e taxa de rotatividade anual de 10%. A perda de talentos está se tornando um custo cada vez mais proibitivo. "Após cerca de 500 anos, o recurso mais escasso e mais valioso no mundo dos negócios não é mais o capital financeiro. É o talento", disse Geoffrey Colvin, da *Fortune*. "Se você duvida disso, observe o quanto as empresas estão batalhando para contratar os melhores profissionais. Não há talentos excepcionais em quantidade sequer perto da suficiente."

Em 2010, cerca de 50% de todos os trabalhadores dos Estados Unidos terão mais de 40 anos, e as décadas seguintes verão os *baby boomers* (os nascidos entre 1946 e 1964) serem substituídos pela geração X (os nascidos entre 1965 e 1981) e pela do milênio (aproximadamente, os nascidos entre 1980 e 2000). Essa troca de guarda criará um descompasso entre oferta e demanda de mais de 10 milhões de trabalhadores nos próximos 7 anos. Para piorar a situação, quando 2.900 executivos e administradores da área de Recursos Humanos foram entrevistados por nós, apenas um terço deles declarou acreditar que haverá um número suficiente de talentos à disposição para manter os negócios progredindo à medida que a mão-de-obra mudar.

Segundo Paul Terry, da firma de consultoria Novations Group, que trabalhou na pesquisa, "há uma iminente crise de liderança em muitas empresas grandes, e elas têm menos reserva de talentos administrativos do que em qualquer outro momento que se possa recordar". O banco de reserva de talentos pode perder força pela simples falta de quantidade, mas também devido ao estragos provocados pelo ego. Os princípios da egonomia não são o único caminho para maximizar os bancos de reservas de talentos em liderança, mas sem eles esses valores correm um alto risco.

Conclusão

Em geral, o aspecto mais difícil de controlar nos negócios é o lado humano, e nada é mais humano do que o ego. De uma forma ou de outra, o modo como administramos o ego no la-

do humano afeta tudo o que fazemos no lado estritamente empresarial. Cabe a cada um de nós redirecionar o impulso daquilo que controla a energia de todas as outras coisas que fazemos. Assumir esse controle exige que cada um de nós examine os próprios hábitos profissionais com muita atenção – conversa por conversa, projeto por projeto, reunião por reunião. São três os princípios da egonomia que, quando reunidos, provocam essa alteração: humildade, curiosidade e veracidade. Esses três princípios não apenas exigem que *ajamos de outro modo*, como também que *sejamos diferentes*. O grau em que conseguirmos mudar vai determinar quanto de nossos talentos será liberado para beneficiar estrategicamente nossas empresas e nossas carreiras. Além disso, o modo como trabalhamos não se tornará apenas mais eficaz, mas também mais fácil. A conseqüência é que as organizações se tornarão capazes de:

- construir uma cultura liberal em que as mudanças e as novas idéias sejam bem-vindas e os interesses de negócios das empresas não sejam eclipsados por motivos pessoais;
- maximizar as qualidades individuais e os talentos organizacionais, capitalizando as qualidades do ego e minimizando seus defeitos;
- criar intensos debates sobre idéias com vistas a progredir, sem as travas dos conflitos e dos julgamentos precoces;
- cultivar relacionamentos suficientemente fortes (e culturas suficientemente seguras) para permitir que uma completa honestidade e modos inovadores de pensar sejam compartilhados durante as reuniões, em vez de depois – ou nunca;
- lidar de forma eficaz com o ego dos outros quando eles estão prejudicando o desempenho e impedindo ou retardando inovações.

Sabemos que não estamos oferecendo uma resposta "final"; não acreditamos que alguém tenha uma resposta final. Mas esperamos, sim, dar início a uma conversa que já deveria ter sido iniciada há muito tempo e que poderá reduzir o volume de trabalho inútil e a depreciação do talento provocados pelos egos que prejudicam o desempenho de empresas e carreiras. No próximo capítulo, destacaremos os quatro primeiros sinais de perigo que indicam que o ego está se tornando um problema – para sua empresa, sua carreira ou mesmo para uma simples negociação. E em seguida falaremos dos três princípios da egonomia que nos permitem usufruir o lado bom do ego e mantê-lo firme na lista de vantagens do negócio.

1. O ego e o resultado final

pontos básicos

- O ego é uma linha invisível no balanço de perdas e lucros. Atualmente 51% dos empresários calculam que o ego custe de 6 a 15% da receita anual de suas empresas; 21% deles dizem que os custos variam entre 16 e 20%.
- O ego é tanto uma desvantagem quanto uma vantagem: dependendo de como é administrado, trabalha a nosso favor ou contra nós.
- O ego nos traz confiança para usarmos nossas maiores qualidades, mas também as transforma em defeitos que são contrafações dessas mesmas qualidades.
- Hoje em dia 63% dos empresários dizem que o ego afeta negativamente o desempenho no trabalho em bases diárias ou mesmo hora a hora, enquanto 31% estimam que isso ocorra semanalmente.

- As organizações em que o ego não é bem administrado precisam atrair talentos basicamente através do pagamento de bons salários, perdendo a oportunidade de atraí-los pelas oportunidades de crescimento oferecidas pela empresa ou pela vontade que as pessoas sentem de trabalhar lá. Como conseqüência, essas empresas se tornam menos competitivas e ficam marginalizadas pela falta de talentos.
- Quando uma organização investe em nós por causa de nossos talentos, ela também herda o potencial de contrafação desses talentos. Se o ego trabalha contra nós, quatro primeiros sinais de perigo indicam que estamos perdendo valor: ser comparativo, ser defensivo, exibir superioridade ou buscar aceitação indicam que essa perda está em curso.
- Os quatro primeiros sinais de perigo do ego podem ser neutralizados pelos três princípios da egonomia: humildade, curiosidade e veracidade.

2
O balanço patrimonial do ego

O ego é o nosso sócio oculto – muitas vezes com participação majoritária.

CULLEN HIGHTOWER

Em uma reunião de negócios típica, às vezes bastam cinco minutos para determinar se o ego está comprometendo a veracidade do que é dito, abalando a confiança, minando a boa vontade com que as pessoas ouvem e, dessa maneira, obscurecendo a precisão das avaliações e prejudicando a franqueza dos debates. Quando esses sinais de perigo aparecem, o ego está se tornando um problema em vez de uma vantagem. Quanto antes percebermos esses sinais, mais depressa poderemos agir para nos corrigirmos ou fazer com que os outros se corrijam e, assim, reduzir os estragos produzidos pelo ego. Aqui está um resumo de cada um dos quatro sinais, que serão analisados mais detidamente em outros capítulos.

Primeiro sinal de perigo: Ser comparativo

Por ironia, a competitividade excessiva nos deixa menos competitivos. Ao nos fixarmos em outra pessoa, perdemos um tempo irrecuperável que poderíamos estar dedicando a nosso próprio aperfeiçoamento; desistimos de nossas potencialidades a fim de nos tornarmos "melhores do que" ou, pelo menos, "tão bons quanto" outra pessoa. "Melhor do que" é meio caminho andado para a banalidade. "O concorrente a ser temido é aquele que nunca se importa com você", disse Henry Ford, "e em vez disso não pára de melhorar seu próprio negócio."

A comparação excessiva também transforma colegas em concorrentes – e concorrentes não são colaboradores eficazes. Além disso, quando somos comparativos, ora tendemos a comparar nossas habilidades às deficiências de outra pessoa, o que pode nos levar a desenvolver um senso de confiança exagerado, ora a comparar nossos pontos fracos com seus pontos fortes, o que pode nos colocar sob uma pressão negativa.

Quando somos excessivamente comparativos, a meta que buscamos alcançar é o padrão de sucesso de outra pessoa. Sob a influência da comparação, somos incapazes de dizer se esse padrão é tão baixo que, ao nos lançarmos a ele, mal aproveitamos nosso potencial ou tão irrealista que fracassamos e, por isso, ficamos desmotivados por tentar alcançar algo que não conseguimos ou que não é o mais indicado para nossos talentos. De uma forma ou de outra, realizamos menos.

Segundo sinal de perigo: Ser defensivo

Há uma diferença fundamental entre defender uma idéia e *ser* defensivo. A motivação por trás da defesa de uma idéia é permitir a vitória do melhor argumento. Como ninguém sabe tudo, as melhores decisões são conseqüência de pensamentos rigorosos e independentes seguidos de debates entusiasmados e colaborativos. Para cobrirmos todos os aspectos de um debate antes de tomarmos decisões cruciais, expomos nossas melhores idéias e as defendemos calorosamente. Como a meta é o progresso, nos mostramos igualmente interessados em ouvir os argumentos contrários. Na realidade, em nome do espírito do genuíno debate, podemos até criar contra-argumentos quando os outros concordam rápido demais com nossas idéias. Essa abertura permite que a legitimidade de uma idéia vença ou sucumba - qualquer resultado é igualmente bom, não importa a intensidade com que defendemos nosso caso.

Mas, quando cruzamos a linha entre defender e ser defensivo - mesmo que apenas momentaneamente -, ver a nossa idéia "sucumbir" não é uma opção. Quando não sabemos "perder", defendemos nossas posições como se estivéssemos defendendo quem somos e, por conseguinte, o debate deixa de ser uma disputa de idéias centrada no coletivo e se torna uma guerra de vontades focada nos indivíduos. Com essa mudança, nosso objetivo passa a ser provar nossos pontos de vista e rechaçar opiniões divergentes. Em nossos piores momentos defensivos, nos recusamos terminantemente a ser influenciados, apesar das falhas lógicas ou incorreções de nossos argumentos - que já não enxergamos. Rejeitamos informações, desconsideramos erros, nos negamos a pedir desculpas e nossas discussões se tornam exercícios superficiais.

Quando nos recusamos a mudar de opinião ou a ver as coisas sob outros ângulos, saímos dos debates com ultimatos em vez de opções e, sempre que podemos, contamos com o poder político ou a autoridade hierárquica para impor nossa vontade. Aqueles que, em vez de serem persuadidos pelo mérito das nossas idéias, se sentem violentados por nossas egocêntricas vontades oferecerão apenas um apoio formal a elas, e a desejada mudança ou a adoção dessas idéias jamais ocorrerão de fato. Como veremos mais tarde, as pesquisas mostram que, embora as pessoas acreditem estarem abertas a sugestões sobre como podem melhorar e escutar sem se mostrarem defensivas, aqueles que trabalham com essas pessoas discordam dessa visão.

Terceiro sinal de perigo: Exibir superioridade

Aparentemente, exibir superioridade, ou chamar atenção para nossas habilidades, é algo que deveríamos fazer. Se escondermos nosso talento, que benefício essa atitude trará para as empresas em que trabalhamos ou para nossas carreiras? Nenhum. Mas exibir superioridade não é o mesmo que tornar nosso brilho visível. Significa torná-lo o centro das atenções, comprometer nele um tempo e uma energia indevidos. Quanto maior for nossa ânsia ou expectativa de que as pessoas reconheçam, apreciem ou se deslumbrem com o tamanho de nossa inteligência, menos elas nos darão ouvidos, *mesmo que de fato tenhamos idéias melhores*. "Devemos ter cuidado para não tornar [o brilhantismo] nosso deus", nos lembra Einstein. "Ele tem, é claro, músculos poderosos, mas nenhuma personalidade. Não pode liderar, pode apenas servir."

Quando permitimos que o exibicionismo ocorra, a vítima é a sabedoria coletiva. Estudos provam que a inteligência coletiva supera a mais brilhante inteligência individual em todas as situações. As pessoas que já temos em nossas empresas são exatamente aquelas de que precisamos. Juntas, elas possuem o conhecimento necessário para solucionar os problemas que enfrentamos, inovar e aproveitar novas oportunidades.

Quarto sinal de perigo: Buscar aceitação

A liderança deve ser reservada para aqueles que não precisam de cargos de liderança para se impor. Saber o que as pessoas estão pensando é um sinal de ótima liderança. Se somos hipersensíveis àquilo que as pessoas pensam a nosso respeito, não conseguimos ser nós mesmos. Isso, por sua vez, faz com que valorizemos menos a manifestação de nossas idéias do que a promoção pessoal ou a opinião dos outros. A aceitação e o respeito passam a figurar entre nossas necessidades mais fundamentais. Mas, quando equiparamos a aceitação ou a rejeição de nossas idéias à aceitação ou à rejeição de quem somos, preferimos "não arriscar". Para sermos aceitos, tendemos a nadar a favor da corrente e a encontrar maneiras ligeiramente diferentes de dizer aquilo que já foi dito antes. Isso nos torna não apenas seguidores insípidos, mas também líderes incapazes de inspirar os outros.

Um dos principais riscos da busca de aceitação é a ocultação da diversidade intelectual e do pensamento independente. O aplauso coletivo e a harmonia universal não produzem as melhores decisões. Para chegar a boas decisões, a primeira regra é não tomá-las sem que antes haja um vigoroso debate e a manifestação de diversos pontos de vista – o que, se for bem feito, provavelmente incluirá alguma discordância. Buscar aceitação pode ser o mais sutil dos primeiros sinais de perigo, porque é uma atitude "legal" que não atrai atenção.

Do trabalho para casa e de volta outra vez

Os primeiros sinais de que o ego está trabalhando contra nós, em vez de a nosso favor, não se limitam aos negócios. John Gottman é um renomado cientista que faz pesquisas sobre casamento e família na Universidade de Washington. Recentemente passamos um fim de semana com John e Julie Gottman em seu retiro matrimonial em Seattle. Há 30 anos ele pesquisa a correlação entre certos comportamentos conjugais e a satisfação e a longevidade do casamento. Observando e ouvindo – segundo após segundo – cerca de 3 mil casais, em três estudos separados, num lugar carinhosamente apelidado de "Laboratório do Amor", a equipe de pesquisadores de Gottman registra tudo, da freqüência de batimentos cardíacos de um casal a expressões faciais que indicam diferentes níveis de discurso enquanto eles se comunicam. Trata-se da maior pesquisa científica sobre casamento já realizada.

Embora Gottman se refira a seu trabalho como "uma ciência extremamente despretensiosa", suas revelações estão longe de ser triviais. Após meros três minutos de observação, ele é capaz de predizer, com 96% de acerto, se uma discussão matrimonial resolverá um conflito. Consegue prever divórcios com 91% de acerto após apenas cinco minutos de observação. Essas são até hoje as mais altas taxas de acerto em pesquisas científicas sobre relacionamentos em todos os tempos. A extraordinária precisão não é obtida por aquilo que os casais discutem ou falam, por suas diferenças de personalidade ou – acredite se quiser – pela freqüência ou intensidade com que discutem.

O que Gottman basicamente procura são comportamentos provocados pelo ego excessivo. Ele chama esses comportamentos – isolamento, defensividade, reprovação e desdém – de "os quatro cavaleiros do apocalipse". O resultado de sua pesquisa lhe permite ajudar casais a melhorar – e salvar – seus casamentos.

Todos os casais vivenciam "os quatro cavaleiros do apocalipse" de vez em quando. Isso é normal. Se esses sinais aparecem, isso não significa que um relacionamento esteja condenado, a não ser que o casal não faça nada para resolver a situação. O lado triste é que os casais não reconhecem esses sinais até ser tarde demais. "Só depois que os papéis já foram assinados, a mobília dividida e apartamentos separados alugados", diz Gottman, "os ex se dão conta de como abriram mão de muita coisa ao desistir um do outro." Há uma extraordinária semelhança entre o que faz um casamento dar certo e o que faz um relacionamento de trabalho funcionar.

Se você reconhece em si mesmo qualquer um dos primeiros sinais de perigo que mencionamos anteriormente (ser comparativo, ser defensivo, exibir superioridade e buscar aceitação), saiba que isso é normal. Não significa que esteja condenado, a menos que você nada faça a respeito. Quando se trata do ego, algumas providências podem ser tomadas para restringir os danos. Mas você jamais tomará essas medidas se não for capaz de, em primeiro lugar, perceber os sinais de perigo. Como essa percepção é crucial para a cura, analisaremos cada sinal de perigo em profundidade.

É importante saber que, para cada sinal, há uma certa medida do mesmo comportamento que pode ser considerada saudável. Por exemplo: bem administrada, a comparação nos estimula a alcançar nosso melhor desempenho e nos motiva a mudar. No entanto, apesar dos benefícios vinculados a cada sinal, há um ponto a partir do qual esses comportamentos se tornam destrutivos. Quando vemos, ouvimos ou sentimos os primeiros indícios do ego prejudicial - em nós mesmos ou nos outros - podemos recorrer aos três princípios que impedem que os talentos individuais e o desempenho da organização se deteriorem.

Os três princípios da egonomia

Vamos, por um momento, voltar à analogia do ego com um radical livre. Para manter o número de radicais livres em equilíbrio, o corpo produz antioxidantes. Esses antioxidantes atuam como caçadores que perseguem os radicais livres em excesso, os neutralizam e, assim, mantêm nossos corpos e nossos sistemas imunológicos saudáveis. O organismo não produz um número suficiente de antioxidantes sozinho, mas uma dieta rica em vitaminas A, C e E ajuda o corpo a se proteger dos efeitos nocivos dos radicais livres.

O mesmo princípio de uma dieta equilibrada se aplica às questões relacionadas às habilidades individuais. A saúde da cultura da nossa empresa, de nossas negociações e de nossas carreiras depende muito de três "antioxidantes" fundamentais, que perseguem os radicais livres do ego excessivo e os neutralizam, permitindo assim que nossos talentos se mantenham em forma e produtivos para a cultura da empresa.

1. Humildade

A humildade é o primeiro princípio da egonomia devido à sua exclusiva capacidade de abrir mentes. Enquanto não estivermos prontos para escutar e aprender, a curiosidade e a veracidade nunca serão convidadas a subir no palco. Mas, por mais importante que seja ter uma mente aberta, essa talvez não seja a característica mais essencial da humildade.

A humildade é um meio para atingir uma meta e essa meta é o progresso do negócio. As discussões e os debates que propiciam o verdadeiro progresso exigem que, temporariamente, suspendamos o que julgamos ser melhor para *nós* a fim de levar em consideração aquilo que é mais vantajoso para o *negócio*. A partir de uma perspectiva empresarial, a humildade não perde de vista o "para mim", mas também não permite que nossas próprias necessidades interfiram na sinceridade dos diálogos e na intensidade dos debates. Com essa intenção de progredir, descobrimos uma característica da humildade que passamos a chamar de "descontentamento construtivo".

Sem perder a confiança em quem somos nem diminuir a importância daquilo que já conquistamos, a humildade tem a capacidade única de nos impelir a alcançar o próximo nível de desempenho. Sem uma mente aberta, ninguém sequer se pergunta que próximo nível poderia ser esse. E, mesmo quando as perguntas são feitas, sem a humildade ouvimos apenas respostas seletivas. A humildade engole o ego excessivo e canaliza nossa ambição para o sucesso do "nós" em vez de para um egoísta e efêmero "eu". A humildade não substitui o "eu" por "nós", mas coloca nosso foco na seqüência certa, pelas razões certas, no momento certo.

Em uma pesquisa, a *Fast Company* pediu a 1.665 entrevistados que avaliassem a capacidade de liderança de administradores de vários tipos de organização. Entre as qualidades que eles enxergavam em seus líderes, características como demonstrar entusiasmo pelo trabalho ou ser implacável na busca do sucesso foram muito bem votadas. O altruísmo ficou em último lugar. Em uma das nossas pesquisas, quase oito em 10 pessoas desejavam que suas organizações fossem mais humildes. Curiosamente, quando estamos treinando essas mesmas pessoas e iniciamos uma discussão sobre como elas podem se tornar mais humildes, percebemos uma hesitação até explicarmos o verdadeiro significado de humildade. Como característica, a humildade é o ponto de equilíbrio entre o ego excessivo e o ego insuficiente. Tem a reputação de ser o exato oposto do ego excessivo, mas, na realidade, o exato oposto é a ausência total de confiança em si mesmo. A humildade fornece o equilíbrio crucial entre os dois extremos. Aproveitando uma frase dos Alcoólicos Anônimos, "a humildade não exige que nos subestimemos, mas que pensemos a nosso respeito menos vezes". Ser humilde não é sinônimo de ser fraco, ignorado, indiferente, maçante ou apagado. Para se qualificar como ponto de equilíbrio, a humildade precisa incluir a confiança, a ambição e a força de vontade.

Sem uma clara compreensão do seu significado, a humildade pode ser mal interpretada como uma característica reservada para causas sociais e líderes religiosos, não para empresários. Se a humildade parece ser um conceito ultrapassado em um mundo ferozmente competitivo, isso ocorre porque ela é mal compreendida, pouco estudada, pouco usada – e, conseqüentemente, subestimada. Como um traço indispensável da liderança excelente, ela precisa sair dos púlpitos dos sermões de domingo e chegar aos cubículos e às salas de reunião da diretoria. A humildade deveria ser nosso primeiro reflexo e não nosso arrependimento depois que o momento passou.

2. Curiosidade

Após a humildade criar uma mente aberta e estabelecer um compromisso sério com o desenvolvimento, a curiosidade é o ingrediente ativo que motiva a investigação de idéias. Ela nos dá permissão e coragem para testar o que pensamos, sentimos e acreditamos ser verdade e nos lembra que não sabemos tudo sobre coisa alguma. Se liderarmos com perguntas em vez de respostas, a curiosidade pode nos despir de certezas prévias e impedir que nos agarremos com tanta força às nossas próprias idéias e crenças que não consigamos considerar as dos outros. A boa notícia é que, como a maioria das pessoas é curiosa, já largamos com uma boa vantagem. No entanto, há diferenças de tipo e grau de curiosidade. Reconhecer essas diferenças é vital na determinação do valor que criamos. Pessoas altamente curiosas são diferentes daquilo que costumamos imaginar; possuem a exclusiva habilidade de trazer para o debate tanto franqueza quanto disciplina, sem excluir nenhuma delas em sua forma de pensar.

A curiosidade é tão poderosa que o simples fato de declará-la bem-vinda tem impacto no desempenho. Um grupo de estudantes de administração da Universidade de Michigan foi dividido em duas equipes que receberam um problema administrativo idêntico para resolver. Exceto por duas pequenas palavras, as instruções fornecidas a ambos os grupos eram idênticas; ao segundo grupo foi acrescentado "seja criativo". Trinta e nove por cento dos alunos do grupo um solucionaram o caso com sucesso, enquanto, no grupo dois, esse índice subiu para 52%. A criatividade nasce da curiosidade, e algo tão simples quanto lembrar às pessoas que elas podem ser curiosas faz diferença. Aprofundaremos a discussão mais adiante, analisando tipos diferentes de curiosidade e mostrando como ela desbloqueia mentes e conversas.

3. Veracidade

A veracidade é o terceiro princípio da egonomia que mantém o ego trabalhando para nós em vez de contra nós. *Veracidade* é uma palavra vinda do latim *veritas*, que significa "verdade". Mas por que a verdade seria um antioxidante do ego doente e por que não usar simplesmente a palavra *verdade*, se é isso o que queremos dizer? A *verdade* se refere essencialmente a fatos, à realidade; implica precisão e honestidade. A veracidade, no entanto, difere um pouco da verdade; significa a busca habitual da verdade e a adesão a ela. A veracidade difere da verdade na ação e não no valor.

Mas por que a veracidade é um "antioxidante"? Quem não quer a verdade? Não é que as pessoas não queiram a verdade, apenas nem sempre estão dispostas a ouvi-la por inteiro. Qual é a parte que não desejamos? Aquela que é difícil de ser ouvida. Que fração da verdade não queremos abordar? Aquela que é complicado dizer. Em quase todas as discussões de negócio importantes há um ponto e um momento em que, explorando fatos com curiosidade ou debatendo idéias calorosamente, tropeçamos em fatos brutais. O descontentamento construtivo da humildade quase sempre traz à tona uma verdade difícil de ser ouvida. A "verdade", disse Oliver Wendell Holmes, "quando não é buscada, raramente chega para iluminar". Se a franqueza e o progresso são conseqüência da humildade e a inovação é a meta da curiosidade, então a veracidade é a luz que expõe a verdade oculta na sombra dos hábitos e zonas de conforto. Ela é tão importante para a liderança quanto a visão, a estratégia, a integridade, a execução ou o entusiasmo.

Momentos perfeitos, líderes imperfeitos

Todo mundo tem seus momentos decisivos. Em 1994, Jeffrey Immelt era vice-presidente e diretor administrativo da

GE Plastics Americas. Em vez de atingir sua meta de 20% de aumento no lucro, a empresa só atingiu 7% – uma diferença de US$ 50 milhões. Na reunião anual de líderes da GE, Immelt usou todas as suas estratégias mais criativas para evitar se encontrar com Jack Welch, o famoso presidente da GE. Immelt chegava atrasado aos jantares do grupo, ia embora mais cedo e, nas reuniões, se instalava estrategicamente do lado oposto ao de Welch. Na última noite, quando se dirigia apressadamente para o elevador, Immelt sentiu uma mão sobre seu ombro. Era a de Welch. "Jeff, sou o seu maior fã, mas você teve seu pior ano na companhia", disse Welch. "Gosto muito de você, e sei que pode conseguir resultados melhores. Mas você vai perder o seu cargo se não resolver isso."

Imagine esse momento como se você fosse Immelt. Ele poderia ter aproveitado a oportunidade em que estava cara a cara com Welch para justificar o fraco desempenho. Qualquer um ou todos os primeiros sinais de perigo do ego poderiam ter vindo à tona. Ele poderia ter defensivamente reclamado de falta de apoio, desviado a responsabilidade para outros, culpado as inconstantes condições do mercado ou mencionado a interferência do governo. Poderia ter comparado seu histórico ao de outros para minimizar o mau resultado ou usado sua inteligência para criar uma justificativa plausível para as tendências da indústria. Afinal de contas, tinha acabado de receber um convite para uma viagem ao fundo do ego. Mas não foi isso que aconteceu. "Jack, se os resultados não forem os esperados", disse Immelt, "você não vai precisar me despedir: eu mesmo tomarei a iniciativa de ir embora."

Embora o emprego de Immelt corresse risco, aquela resposta revelou seu modo de pensar: ele estava mais preocupado com a empresa do que consigo mesmo. Não estava lutando para se proteger ou proteger seu emprego. Não é que tivesse se perdido de vista; apenas tinha a perspectiva correta. Três anos depois, Welch o nomeou presidente e diretor executivo de GE Medical Systems, uma divisão da GE. Quatro anos depois, o conselho de diretores da GE nomeou Immelt presidente em substituição a Jack Welch.

Perguntamos a Welch que impressão aquele breve encontro com Immelt no elevador tinha lhe deixado. Ele não se lembrava daquele incidente específico, mas, logo a seguir, fez um comentário que nos fez pensar: "Provavelmente achei que a resposta do Jeff era bem típica dele." E este é o ponto: o que é típico? Para cada um de nós, nos momentos mais difíceis, o que alguém diria ser *típico* de nós mesmos? Sem uma recordação específica, o que as pessoas nos atribuiriam automaticamente por causa das nossas reações quando a nossa liderança é testada? Nesses momentos, as nossas atitudes contribuem de maneira decisiva para caracterizar nossas carreiras. Nessa busca, cada um de nós cometerá erros – milhares deles ao longo do caminho. Não podemos deixar a imperfeição nos desencorajar.

Na busca por pessoas que atingiram um equilíbrio perfeito entre ego e humildade, curiosidade e veracidade, terminamos de mãos abanando. Não conseguimos apontar uma única pessoa na história e dizer, sem reservas, "Olhe para ela" ou "Imite-a". Apesar de alguns exemplos estimulantes, havia sempre mais de um "sim, mas..." ao longo do caminho. Por mais elogios e créditos que líderes excelentes como William Hewlett e David Packard, da HP, Darwin Smith, da Kimberly-Clark, ou Colman Mockler, da Gilllette, tenham recebido por serem líderes humildes e determinados, nossas conversas com pessoas que trabalhavam com eles revelaram que eles eram apenas humanos.

Entre presidentes e primeiros-ministros, líderes de direitos civis, inventores e empreendedores, fossem eles funcionários públicos ou cidadãos comuns, uma cuidadosa inspeção sempre revelava momentos de imperfeição. Essa descoberta apenas nos deu mais esperança em relação ao que é possível alcançar apesar de nossas imperfeições. O sucesso egonômico não exige que ninguém seja um super-homem – apenas determinado.

Houve momentos críticos na vida de todos os grandes líderes – na realidade, na vida de todos nós – quando não permitimos que nossos egos conduzissem nossas reações ou atitudes de forma equivocada, e essa escolha fez toda a diferença. A *egonomia* é uma análise do que esses momentos revelam. No entanto, se não estivermos dispostos a abrir nossas mentes e fazer um inventário de nós mesmos, este livro será apenas um passeio intelectual por idéias. Pode ser tentador pensar em quem mais deveria lê-lo. Não espere que os outros mudem primeiro; a maioria não mudará.

Você pode – um passo de cada vez.

Pequenas mudanças em nossos modos de pensar e agir provocam uma diferença surpreendente no máximo aproveitamento desses momentos. A história mostra que poucos serão os bem-sucedidos e que a grandeza é geralmente encontrada em pequenos números.

A energia

Enquanto estávamos terminando este livro (recorda Steve), um amigo meu morreu num trágico acidente de avião. Sem poder cancelar um compromisso com um cliente, não fui ao enterro dele. Ao chegar à cidade onde moro, fui até seu túmulo. A lápide com seu nome estava cercada por dúzias de buquês. Olhei para a grama fresca que cobria o caixão dele. Coloquei minha mão sobre ela e me senti sufocado, impedido de ter mais uma chance de interagir com ele. Naquela noite perguntei à minha mulher, Kitty, como fora o enterro. A igreja onde se dera o velório tinha ficado abarrotada. A mulher do meu amigo fez o discurso em homenagem ao morto. Kitty descreveu a leitura desse discurso e toda a experiência como "educativa, inspiradora e cheia de esperança".

Meu amigo ensinou as pessoas a serem produtivas na sociedade, em vez de apenas receber. Naquela igreja havia centenas de almas que tinham sido profundamente afetadas por sua mensagem. No momento em que Kitty me contava sobre o clima de emoção no enterro dele, pude sentir o impulso de sua vida. A energia da mensagem de meu amigo não se extinguira com sua morte. Ele tinha partido, mas esse impulso continuaria presente através de outras pessoas.

Cada um de nós é como meu amigo. Somos criadores de impulsos. Que tipo de impulso criamos depende de cada um de nós, mas ele não será detido por nossa morte. A próxima conversa que tivermos ou a próxima decisão que tomarmos o moldarão. O impulso é o movimento que se imprime num *momento*, e os momentos propícios para a humildade, a curiosidade e a veracidade se apresentam todos os dias, em qualquer encontro, com qualquer pessoa. Esses momentos não devem nos sufocar com a pressão da perfeição; em vez disso, eles nos dão a oportunidade de viver e liderar um pouco melhor hoje do que vivemos e lideramos ontem.

2. O balanço patrimonial do ego

pontos básicos

- Em uma típica reunião de negócios, bastam cinco minutos para determinar se o ego está afetando negativamente uma discussão ou uma decisão.
- **Primeiro sinal de perigo – Ser comparativo.** Por ironia, sermos competitivos nos torna menos competitivos. Ao nos fixarmos em outra pessoa, abrimos mão de nosso po-

tencial. Em vez disso, passamos a querer ser "melhores do que" ou pelo menos "tão bons quanto" outra pessoa.

- **Segundo sinal de perigo – Ser defensivo.** Há uma diferença fundamental entre defender uma idéia e ser defensivo. O motivo por trás da defesa de uma idéia é permitir a vitória do melhor argumento. Quando somos defensivos, protegemos nossas posições como se estivéssemos protegendo quem somos.
- **Terceiro sinal de perigo – Exibir superioridade.** Exibir superioridade não é deixar nosso brilho visível, mas torná-lo o centro das atenções. Quanto mais nós esperarmos que as pessoas reconheçam, apreciem ou se deslumbrem com o quanto somos inteligentes, menos elas nos escutarão, *mesmo que de fato tenhamos as melhores idéias.*
- **Quarto sinal de perigo – Buscar aceitação.** A liderança deve ser reservada para aqueles que não precisam de uma posição de liderança para se impor. Ter percepção do que as pessoas pensam é um sinal de excelente liderança. Mas o fato de sermos demasiadamente sensíveis ao que os outros pensam a nosso respeito nos impede de sermos leais a nós mesmos.
- **A humildade** é o primeiro princípio da egonomia devido à sua exclusiva capacidade de abrir mentes. A humildade é um meio para se atingir uma meta, e essa meta é o progresso do negócio. Outra característica da humildade é o descontentamento construtivo. Sem provocar perda de autoconfiança nem diminuir a importância daquilo que já realizamos, a humildade nos leva a almejar o próximo nível de desempenho.
- **A curiosidade** é o ingrediente ativo que motiva a investigação de idéias. A curiosidade nos dá permissão e coragem para testar o que pensamos, sentimos e acreditamos

ser verdade, além de nos fazer lembrar que não sabemos tudo sobre coisa alguma.

- **A veracidade** é a busca sistemática da verdade e da adesão a ela. Ajuda a tornar o indiscutível discutível e encurta a distância entre o que achamos estar acontecendo e o que realmente está acontecendo.

3
Primeiro sinal de perigo
Ser comparativo

> Qualquer um no mundo é melhor do que alguém e não tão bom quanto outra pessoa.
>
> WILLIAM SAROYAN

Fazemos comparações todos os dias: preços, candidatos, caminhos possíveis, dietas, ofertas de emprego, críticas de filmes, vinhos, restaurantes e assim por diante. A comparação é uma parte necessária, natural e incessante de nossas vidas. Como um hábito inconsciente, ela tanto pode ser uma ferramenta eficaz como uma arma que se vira contra nós.

Uma companheira inseparável da comparação é a concorrência – apregoada como o modo de viver capitalista. Como disse Andrew Carnegie: "A concorrência está aí; não podemos escapar; ainda não foram descobertos substitutos para ela; e, embora essa lei possa, às vezes, ser dura com o indivíduo, é melhor para a espécie, porque assegura a sobrevivência do mais bem preparado." Como estamos imersos na competição e o espírito competitivo nos empurra para fazermos o melhor possível, mal notamos quando ela nos torna piores.

Espelho, espelho meu

Em um estudo, pesquisadores pediram às pessoas para avaliar o quanto gostavam de itens comuns, cotidianos, como um copo para drinques, um pente, um grampeador e assim por diante. Mas a pesquisa tinha uma armadilha: *antes* que lhe pedissem para avaliar suas preferências, cada pessoa recebia de presente um dos itens da lista. Por mais trivial que o presente fosse, as pessoas lhe atribuíam um conceito mais alto quando faziam comparações e davam notas aos 20 itens. Se é nosso, *precisa* ser melhor!

O *U.S. News & World Report* perguntou a mil pessoas qual seria a probabilidade de determinadas celebridades irem para o céu. As opções incluíam nomes como Oprah Winfrey, Dennis Rodman, Madre Teresa, Michael Jordan, Bill Clinton e a Princesa Diana. A vencedora foi Madre Teresa: 79% acreditavam que ela estava destinada ao céu. Em seguida lhes perguntaram qual era a probabilidade de *eles* (os leitores) irem para o céu. Oitenta e sete por cento dos entrevistados disseram que iriam. Portanto, de acordo com a pesquisa, se houver apenas um lote sobrando no céu e Deus precisar escolher entre Madre Teresa e nós, acreditamos que a propriedade divina nos pertence. Se nem Madre Teresa se mostra capaz de vencer ao ser comparada conosco, supõe-se que ninguém mais conseguirá.

A tendência de nos vermos com bons olhos não se resume a nossas avaliações sobre a vida após a morte. Entrevistamos aproximadamente 1.800 pessoas para lhes perguntar quão confiantes elas se sentiam em sua própria sabedoria para tomar decisões. Oitenta e três por cento se declararam muito confiantes ou confiantes. Quando as inquirimos sobre o grau de confiança que sentiam em relação à habilidade das pessoas com quem trabalhavam, esse percentual caiu de 83 para 27. Será que somos tão bons assim e o resto, tão ruim? Quando nos comparamos com os outros através dos olhos do puro ego, ficamos inclinados a nos favorecer. E se essa visão favorável não é legitimada pelo desempenho, a comparação excessiva a justifica. Talvez eles tenham sorte. Talvez tivessem alguma vantagem que desconhecíamos. Talvez nós não estivéssemos num bom dia. Talvez tudo isso seja verdade. Talvez não.

Verdadeira ou não, a comparação excessiva nos leva a procurar áreas em que os outros não se equiparam a nós, e então soltamos um competitivo suspiro de alívio quando descobrimos essas brechas. Por exemplo, Andrew Oswald, professor de economia da Universidade de Warwick, no Reino Unido, entrevistou cerca de 16 mil trabalhadores em 800 organizações e constatou que o salário tem pouca influência no grau de satisfação com o emprego. Essa descoberta não é surpreendente nem nova. O que surpreende é quanto dependemos da comparação para ficarmos satisfeitos. Ao examinar a posição hierárquica dos funcionários de uma empresa, Oswald descobriu que ela influenciava o grau de orgulho que as pessoas sentiam por suas conquistas profissionais. Na realidade, a posição hierárquica aumentava a satisfação com o trabalho entre 50 e 60%, mesmo quando comparada ao tamanho dos contracheques.

Ou seja, quando somos comparativos demais, o cargo mais alto de outra pessoa importa mais do que quanto ganhamos ou do que tudo o que já conquistamos. Em uma segunda experiência, Oswald perguntou aos estudantes se eles ficariam satisfeitos com um emprego que lhes oferecesse um salário anual de US$ 32 mil após se formarem. A alguns foi dito que aquele salário era o segundo pior na firma, e a outros, que era o quinto mais baixo. Quanto mais alta a posição do salário, mais satisfeitos os estudantes ficavam com seus empregos prospectivos – não importava o valor da oferta em si.

As pesquisas sobre comparações sociais mostram que, quanto mais inseguros nós estamos sobre quem somos ou o que temos, mais automáticas e persistentes se tornam as nossas comparações. **A comparação injusta ou incorreta não apenas deprecia a pessoa com quem estamos nos comparando quando ela merece crédito, mas também interfere na possibilidade de tirarmos o máximo de proveito da nossa situação – independentemente de qualquer outra pessoa ou qualquer outra coisa.** Em conseqüência disso, ficamos parados, esperando que a sorte ou o destino nos alcance e nos dê de mão beijada nossas porções de sucesso. O tributo emocional que pagamos com a comparação não nos ajuda nem muda nada.

Quando somos aprisionados pela comparação – mesmo que temporariamente –, nós nos mostramos muito menos interessados em ajudar os outros a progredir do que em nos ajudar a progredir. Há, na maioria de nós, um enorme desejo de ser "melhor do que" – mais valorizado, mais amado, mais recompensado e mais respeitado. "O orgulho não sente prazer em ter alguma coisa", escreveu C. S. Lewis, "mas apenas em ter mais do que o próximo." Há muita diferença entre pensar "sou melhor do que ele" e "estou melhor do que eu estava". Talvez mais importante ainda, confundir os dois nos deixa desanimados quando não deveríamos ficar.

Oprah x *A noiva de Chucky*

Em 1998, Oprah Winfrey lançou *Bem-amada*, seu primeiro filme como produtora. Ela o considerava um dos maiores feitos da sua vida, isso em uma vida com um número substancial de feitos. O filme faturou US$ 23 milhões nas bilheterias: pelos padrões de Hollywood, um fracasso. Em receitas de bilheteria, o filme foi derrotado pelo fim de semana de estréia de *A noiva de*

Chucky. Em suas próprias palavras, Oprah ficou "abatida e deprimida". Mas o que a fez sentir desânimo não foi realmente o desempenho de seu filme; foi uma comparação injusta e ineficaz. Às voltas com seu desapontamento, ela se lamentou uma noite com seu grande amigo Gary Zukav. Ele lhe fez uma pergunta profunda que pôs a comparação numa perspectiva correta: "Qual era a sua intenção?"

"A minha intenção", respondeu Oprah, "era criar um filme tão forte que fizesse o público sentir, e não apenas entender, o que significava superar a escravidão e ser capaz de amar - e reconstruir uma vida. Minha intenção era fazer as pessoas se conscientizarem de que aquele não foi só um 'período' na História, que aquelas eram pessoas reais, meus ancestrais, que tinham lutado de um jeito comum ou extraordinário para conseguir ter outra vez algum senso de humanidade." "Bem", disse Zukav, "você fez isso."

Naquele momento, ela se libertou das expectativas irreais e injustas de bilheteria e, de maneira objetiva, conseguiu ver o filme como ele realmente era: uma mensagem de resistência, História, coragem e humanidade. Por comparação, o filme dela era um fracasso; por intenção, um sucesso. Imagine, porém, que ela tivesse feito o filme apenas para competir, gerar receita e derrotar concorrentes como *A noiva de Chucky*. Se o objetivo fosse esse, o projeto teria sido um equívoco desde o início. A comparação muitas vezes obscurece nossa visão.

A campanha do "mais/menos"

Quando a competição tira nosso foco, cruzamos a linha da comparação saudável e instalamos uma única pessoa, um único grupo ou uma única empresa no centro de nossa atenção. É aí que a comparação se torna pessoal - "você contra mim" ou "nós contra eles". No jogo de "você contra mim", o nível de competição interna produz comportamentos que deixam as empresas menos eficientes. Em quatro experiências de grupo diferentes, os membros de uma mesma equipe sonegaram informação à pessoa que tinha sido designada para tomar decisões. Nos casos em que ela foi considerada competitiva demais, chegaram a lhe fornecer informações *incorretas*. Quando lhes perguntavam por que tinham feito isso, diziam que era por causa da ganância e da competitividade do responsável pelas decisões ou por medo de serem maltratados. Não é fácil ser competitivo sem deixar que isso se torne contraproducente.

Num mundo que constantemente julga quem chega em primeiro, segundo e terceiro, é difícil não nos julgarmos, ou julgarmos os outros, como mais ou menos inteligentes, criativos, criteriosos, talentosos ou bem-sucedidos. Há um fluxo incessante de mensagens a nos lembrar que aquilo que somos e já conquistamos não é suficiente. Somos afogados por imagens que passam a ilusão de que certas pessoas têm tudo, e algumas organizações são reverenciadas como quase perfeitas. Na realidade, ninguém tem tudo e a perfeição é uma ilusão.

Mas a propaganda competitiva do "mais/menos" que nos cerca nos desvia daquilo que *somos* e do que *de fato* temos. Se, na nossa visão limitada, os outros parecem ter mais ou ser mais importantes, isso não significa que sejamos inferiores. Com um excedente de comparação multiplicado pela competição excessiva, nossa visão fica desequilibrada. Quando os desafios competitivos que nos consomem – mesmo que momentaneamente – se somam à parcialidade de nossas comparações, somos desviados do caminho corrreto de três maneiras: estabelecemos metas que não deveríamos estabelecer, colocamos o obstáculo num ponto mais alto do que podemos alcançar ou nos sentimos satisfeitos onde estamos.

1. A meta errada

O hábito de constantemente olhar por cima dos ombros para ver o que os outros estão fazendo nos distrai daquilo que está à nossa frente. Desse modo, nossas metas não são estabelecidas de acordo com o que é possível ou relevante, mas segundo o que alguma outra pessoa faz. Nessas situações, não estamos sequer fixando nossas próprias metas; é outra pessoa quem está. A preocupação com a comparação nos leva a medir o grau de sucesso por realizações que pouco ou nada têm a ver com aquilo para o qual temos talentos específicos. A inveja é um motivador forte, mas um navegador fraco.

No final dos anos 1980, a Iridium, uma empresa de comunicação por satélite, se viu envolvida numa disputa para derrotar seus concorrentes no lançamento de um novo produto no mercado. A empresa foi a primeira a desenvolver um telefone por satélite que permitiria que uma pessoa falasse do monte Everest para Los Angeles sem estática e sem queda de sinal. O único problema era o custo dos aparelhos – US$ 3.000 cada um – e o preço da ligação por minuto, que variava entre 3 e 8 dólares. Quando conversamos com as pessoas que trabalhavam na Iridium, ficou claro que os líderes da empresa estavam preocupados com comparações que poderiam ser feitas com um concorrente específico. Em decorrência disso, o compromisso deles com o novo produto transformou-se rapidamente em investimentos pesados e precipitados e em uma execução apressada, apesar dos sinais que indicavam mudanças significativas na tecnologia dos celulares e na comunicação sem fio. Enquanto os dois competidores rivalizavam entre si para ver quem cruzava primeiro uma quase irrelevante linha de chegada, concorrentes importantes os ultrapassavam. Em 1999, a Iridium quebrou e se tornou uma das 20 maiores falências da História. Mais tarde, um grupo de investidores privados comprou a empresa e seus 66 satélites por apenas US$ 25 milhões.

Quando as empresas se concentram nas concorrentes - para onde estão indo, o que estão fazendo, quem são seus parceiros, quando fazem o que ou qual poderia ser sua próxima estratégia -, o QI do negócio cai. E nos tornamos menos competitivos. "A competição que tem como único motivo a competição em si, a eliminação de algum outro sujeito, nunca vai muito longe", disse Henry Ford. "O competidor a ser temido é aquele que nunca se incomoda com você e não pára de investir em seu próprio negócio. As empresas que crescem graças ao desenvolvimento e ao aperfeiçoamento não morrem. No entanto, quando um negócio deixa de ser criativo, acredita ter alcançado a perfeição e que nada lhe resta a fazer senão produzir - nenhuma melhora, nenhum desenvolvimento -, então ele está condenado."

Quando nos concentramos naquilo que os outros já alcançaram, reagimos com energia excessiva a cada movimento deles. "Se você basear a sua estratégia naquilo que os concorrentes estão fazendo", disse Jeff Bezos, diretor executivo da Amazon.com, "então, como o ambiente competitivo muda tão depressa, você precisará mudar sua estratégia o tempo todo." Numa entrevista para a *Business 2.0*, pediram a Eric Schmidt, diretor executivo do Google, que comentasse a declaração de um líder da Microsoft segundo a qual a empresa fundada por Bill Gates era agora o "peixe pequeno" do mercado. "Ele pode dizer o que quiser", respondeu Schmidt. "Fico contente de falar sobre o Google." Seu comentário não traduzia uma ingenuidade competitiva, mas uma visão apropriada da concorrência e uma correta reação a ela.

Muitas das mais brilhantes idéias de negócios atuais (como eBay, iTunes, Skype) foram criadas pela singularidade e não pela mesmice competitiva. Os especialistas em marketing Seth Godin e Jack Trout enfatizam que, em sua especialidade, as maiores chances de sucesso estão no fato de uma marca ser única ou um produto ser exclusivo. Godin chama essa singularidade de "vaca roxa". Trout diz simplesmente: "Diferencie-se ou morra." As comparações podem não apenas prejudicar a criatividade que leva à singularidade como também nos impelir a abandonar uma criação genuinamente exclusiva de modo prematuro. "Todos aqueles envolvidos com trabalhos criativos estão sujeitos à perseguição pela odiosa comparação", declarou o brilhante arquiteto Frank Lloyd Wright. "As comparações odiosas espreitam os passos da criação em qualquer lugar em que o princípio poético esteja envolvido, porque a mente inferior só aprende através de comparações; em geral, equivocadas e feitas por interesses egoístas em relação ao outro. Mas a mente superior aprende através de análises." **A busca da singularidade nos leva a inovar, não a imitar.** As estratégias motivadas exclusivamente pela comparação são estabelecidas pela pressão - muitas vezes imaginária - que recebemos da concorrência, e não por serem relevantes ou exclusivas.

2. Vacas voam?

Além da meta errada, a segunda maneira pela qual a comparação nos desvia do bom caminho é quando nos induz a estabelecer uma meta irrealista. Por exemplo, em 2001 o então diretor executivo da EDS, Dick Brown, decidiu que a receita de 2002 teria de crescer quase 60% e assumiu um compromisso com esse percentual junto ao conselho de diretores. Como tinham sido necessários quase 42 anos para atingir US$ 21,1 bilhões, um aumento de receita de cerca de US$ 13 bilhões em um ano não seria nada fácil. Uma das estratégias básicas para atingir a receita desejada foi a de dobrar o número de profissionais de vendas. Um dos vice-presidentes do setor de vendas confidenciou que, mesmo que não acreditassem que os candidatos tivessem qualificações ou pudessem ser bem-sucedidos, eles precisariam contratar determinado número até uma certa data. A EDS pagou grandes bonificações de contratação, concordou com salários mais altos do que o normal e cobriu as despesas dos novos funcionários com mudanças de cidade.

Quais foram os resultados dessa grande estratégia? Um crescimento de apenas 2% na receita de 2002. O lucro operacional caiu 2,4%. Os ganhos por ação baixaram US$ 0,53. O valor total dos contratos assinados despencou US$ 7 bilhões. Num período de 24 meses, quase 95% dos especialistas em vendas recém-contratados haviam deixado a empresa. E o que aconteceu a Dick Brown? Foi demitido em março de 2003. Quando a meta está fora do nosso alcance, é grande o risco de fracassarmos. Preocupação e frustração vêm a reboque. Isso não significa que entrar em sintonia com a realidade antes de fixar metas deva ser confundido com o medo de ter alvos ambiciosos nem com a falta de coragem para experimentar novidades. Embora os objetivos irrealistas motivados pelo ego possam ser temporariamente tentadores, logo se tornam desanimadores e onerosos.

3. Sentar e relaxar?

O terceiro desvio provocado pela comparação nos induz à complacência. Quando encontramos no outro um desempenho que não se equipara ao nosso, ficamos satisfeitos. **Embora não exista nada errado com a satisfação, a comparação nos deixa *totalmente* satisfeitos. Apesar de termos capacidade para conseguir mais, ela nos leva a um estado de tal conforto que nossa satisfação por simplesmente sermos "melhores do que" passa a ser o maior inimigo daquilo que poderíamos alcançar.**

Em um artigo sobre a decepcionante apresentação do time americano na Copa do Mundo de 2006, o escritor Ives Galarcep falou sobre o conforto excessivo do jogador Landon Donovan, o astro da equipe americana. "Donovan nos enrolou por mais de um ano com suas histórias de que joga melhor quando se sente à vontade. Estar à vontade não faz ninguém jogar melhor. Estar à vontade faz o jogador ficar relaxado. Donovan - e qualquer jogador de futebol que valha as suas chuteiras douradas - precisa de pressão para evoluir. A pressão forma diamantes, arrebenta canos e transforma jogadores de futebol em estrelas. Os melhores jogadores do mundo, sejam eles europeus ou sul-americanos, são sempre pressionados para jogar bem. Será que ele vai querer ser lembrado como um jogador incrível que aproveitou seu talento ao máximo ou como o grande talento que se preocupava mais em estar à vontade do que em ser notável?"

Melhor do que... até o dia em que...

Nos negócios, podemos ficar desatentos se olhamos fixamente aqueles que estão "abaixo" de nós e, quando a distância que nos separa deles é grande, paramos de prestar atenção e relaxamos. Antes que percebamos, eles - ou alguma outra pessoa - nos ultrapassam. O Sony Walkman era certamente "melhor do que" qualquer outro aparelho de som pessoal portátil. Até o iPod. A Sears era "melhor do que" qualquer outra loja de departamentos no mundo. Até o Wal-Mart. A GM e a Ford eram decididamente "melhores do que" qualquer outro fabricante de automóveis. Até o Outlook... até o Palm... até o BlackBerry... até o Razr da Motorola. Sempre haverá um *até* esperando por nós se adormecermos sob o fugaz calor do cobertor do contentamento, que nos leva a suposições equivocadas, a desempenhos medíocres e, às vezes, a decisões que alteram o rumo das carreiras.

Para sermos eficazmente competitivos precisamos ter uma visão muito clara de nós mesmos. Em algumas áreas, todos nós tendemos a nos ver como um pouco melhores ou, de vez em quando, piores do que realmente somos. Não temos como render o máximo se, por causa da comparação excessiva, nos equivocamos quanto a quem somos e que habilidades temos ou não temos. Não devemos eliminar a competição nem parar de nos desafiar. Mas não podemos nos permitir cruzar aquela linha divisória e deixar que comparações e competições descabidas nos levem por caminhos irrelevantes, frustrantes ou medíocres.

Cair na armadilha da comparação em geral precede e deflagra os outros três sinais de perigo: ser defensivo, exibir superioridade e buscar aceitação.

Vencer o hábito de qualquer um dos primeiros sinais de perigo exige um exame das crenças que motivam tais comportamentos. Nossas crenças se apóiam numa equação matemática - uma série de "isso mais isso é igual àquilo" ou a lógica do "se isso, então aquilo". No entanto, os cálculos que fazemos nem sempre são úteis: nossas crenças podem ser falsas. Se conseguirmos identificar as equações equivocadas em nossa cabeça, poderemos erradicar os maus hábitos.

Muitas vezes, há também uma diferença entre o que dizemos ou fazemos e o que estamos pensando ou sentindo. Embora estejamos dizendo as palavras certas, o que sentimos talvez seja bem diferente. Aquilo que sentimos ou pensamos pode ser mascarado por palavras ou atitudes convenientes, mas nossas intenções e sentimentos são sempre verdadeiros, ainda que nem sempre revelados. O que estamos sentindo, ou o que os outros estão sentindo, nos permite saber se estamos controlando o ego com eficácia.

No apêndice, listamos as crenças básicas, as saudáveis e as não saudáveis, para cada um dos primeiros sinais de perigo, juntamente com as perguntas que podemos fazer para desmascarar crenças não saudáveis e superar esses sinais. Também estão listadas as emoções e atitudes básicas relacionadas a cada um dos quatro sinais de perigo que podemos notar em nós e nos outros.

3. Ser comparativo

pontos básicos

- A comparação é uma parte tão necessária, natural e constante de nossas vidas que se torna um hábito inconsciente. Esse hábito pode ser uma ferramenta eficaz ou uma arma que se volta contra nós. A concorrência é companheira inseparável da comparação. Como estamos imersos na competição e o espírito competitivo nos empurra para fazermos o melhor possível, mal notamos quando ele nos faz piorar.
- Uma visão apropriada da competição resiste à tentação de fazer comparações que transformem colegas em concorrentes. Fazemos escolhas melhores quando não tentamos ser outra pessoa ou outra coisa.
- Perdemos nossa vantagem competitiva quando nos tornamos competitivos demais.
- Quando somos excessivamente comparativos, estar acima de outra pessoa se torna mais importante do que quanto dinheiro ganhamos ou o que de fato alcançamos.
- As pesquisas sobre comparações sociais mostram que, quanto mais inseguros estivermos sobre quem somos ou o que temos, mais automáticas e persistentes as comparações se tornarão. A comparação injusta ou incorreta não apenas deprecia a pessoa a quem estamos nos comparando como também interfere em nossas oportunidades de

aproveitar a situação ao máximo – independentemente de qualquer outra pessoa ou fator.

- Quando a comparação excessiva entra em ação, os julgamentos que se seguem nos impedem de atingir nosso potencial plenamente, por nos deixarem satisfeitos com o status quo ou desviarem nosso foco do desempenho em si.
- Quando o desafio competitivo nos consome, combinado com a imprecisão geral de nossas comparações, somos desviados do bom caminho de três maneiras: estabelecemos metas irreais, colocamos os obstáculos numa altura acima daquela que somos capazes de alcançar ou nos sentimos satisfeitos onde estamos.

4
Segundo sinal de perigo
Ser defensivo

> As pessoas freqüentemente se opõem a algo apenas por não terem tido voz ativa no seu planejamento ou, quem sabe, porque o plano partiu de alguém que elas detestam. Mas, se tiverem sido consultadas e, por acaso, desaprovado a idéia, a oposição se tornará em suas mentes um indispensável dever de amor-próprio. Elas então parecem tratar como ponto de honra, por todos os motivos da infalibilidade pessoal, a derrota daquilo que foi decidido contra suas convicções.
>
> ALEXANDER HAMILTON

O defensivismo é o segundo dos sinais iniciais de perigo a nos alertar que o ego deixou de ser uma vantagem e se tornou uma desvantagem. Por um lado, não há absolutamente nada errado na defesa de uma idéia. O debate vigoroso e o choque de pontos de vista diferentes são fundamentais para a vitória das melhores concepções. Uma idéia que consiga resistir a um exame minucioso merece apoio e, se não conseguir, devemos ficar igualmente satisfeitos com o resultado. Sentir entusiasmo por um plano não significa que ele seja adequado, e divergência no modo de pensar não significa negatividade. “Procuro pessoas brilhantes, com personalidade forte, que discutam comigo”, disse Mitt Romney, governador do estado de Massachusetts. “Gosto de examinar ambos os lados de uma questão e sinto-me confortável com a polêmica." Esta é uma abordagem rara para um republicano num estado maciçamente democrata. Na realidade, a prática é incomum na maioria das áreas – seja no mundo dos negócios, nas escolas, na política ou em casa. No entanto, se nossa intenção é permitir que as melhores idéias vençam, podemos assumir qualquer posição sobre qualquer assunto em qualquer arena, a fim de testar a força daquilo que debatemos. Mas defender uma posição não é o mesmo que ser defensivo.

Quando minha filha Lindsay ainda estava na faculdade (lembra Dave), após estacionar seu carro, ela freqüentemente deixava a porta da garagem aberta, embora inúmeras vezes já lhe tivéssemos dito para fechá-la antes de entrar em casa. Uma noite, indo à garagem para pegar alguma coisa no freezer, notei que ela havia deixado a porta aberta outra vez. Como queria chamar sua atenção para o fato de geralmente se esquecer daquilo, achei que aquela era a oportunidade perfeita:

PAPAI: Lindsay, há uma razão para você não fechar a porta da garagem ao chegar em casa?

LINDSAY: Não sou a única que deixa a porta aberta.

PAPAI: Sim, mas você chegou há apenas 10 minutos e ela está aberta. Jeff e Spencer não estão em casa, portanto não poderia ter sido nenhum dos dois. E eu não a abri só para implicar com você. Quando a porta da garagem fica aberta, o vento leva sujeira, folhas e lixo lá para dentro. E aí, alguém precisa limpá-la, e esse alguém geralmente sou eu. Quero que você se lembre de fechá-la quando chegar em casa.

LINDSAY: Por que você só fica no *meu* pé? Quando os meninos chegam em casa da faculdade, eles sempre deixam a porta da garagem aberta, e você não diz nada para eles. Eu até já vi você e a mamãe deixarem a porta da garagem aberta. Não sou a única que faz isso. Além disso, talvez eu a tenha deixado aberta porque vou sair logo.

Seja qual for a situação, quando o poder do ego predomina, a nossa intenção se desvia da defesa honesta de nosso ponto de vista para a exclusiva legitimação dele; apesar da existência de falhas ou incorreções na nossa lógica, não admitimos avaliar outras opções. Num esforço implacável para estar "com a razão", fabricamos desculpas e descobrimos defeitos nos outros, mesmo quando esses não estão relacionados à discussão em questão. Ou apenas negamos qualquer procedimento incorreto. Às vezes procuramos desculpar nossos erros dizendo: "É assim que eu sou." E ocasionalmente chegamos ao extremo de fazer com que aquilo do qual discordamos pareça disparatado e, portanto, irrelevante.

A troca de idéias opostas rapidamente se transforma numa troca de golpes intelectuais ou emocionais e o banal se torna importante. Para justificar nossa mudança da defesa para o defensivismo, podemos nos sentir indignados, ultrajados, como vítimas inocentes. Um simples reconhecimento do nosso erro restauraria a boa-fé de todos, mas estranhamente usamos o pedido de desculpas como mais uma arma defensiva.

Posso lhe dizer uma coisa?

Quando alguém diz esta frase, geralmente não pensamos: "*Sim!* Estava esperando que alguém me mostrasse um ponto cego. Mal posso esperar para ouvir o que essa pessoa tem a dizer!" "Posso lhe dizer uma coisa?" virou código para "Posso lhe dizer o que está errado com você?". Embora *soe* delicado, esperamos ouvir notícias desagradáveis e é fácil ficarmos defensivos, mesmo que isso não fique aparente. Na realidade, quando estamos sendo defensivos e alguém sugere que estamos, a reação típica é dizer: "Não, não estou." Somos defensivos até sobre o fato de sermos defensivos.

Em seu trabalho baseado no livro *Os 7 hábitos das pessoas altamente eficazes*, Stephen R. Covey fez cerca de 150 mil avaliações multidimensionais na década passada. Em uma análise dessas avaliações, entre os 78 itens incluídos na pesquisa, "Recebe comentários negativos sem se tornar defensivo" e "Busca informação sobre como pode melhorar" ficavam nos últimos lugares quando as pessoas eram avaliadas por seus colegas. Por ironia, os dois itens apareciam entre os 10 primeiros quando as mesmas pessoas se auto-avaliavam. Se não prestarmos atenção a esse descompasso, permaneceremos atolados em hábitos ineficazes que nem mesmo conseguimos enxergar.

O que há com os comentários alheios que os tornam tão difíceis de ouvir? Mesmo sabendo que não somos perfeitos, descobrir um defeito em nós mesmos não é algo fácil de assimilar, principalmente quando outra pessoa o aponta. Existem duas razões fundamentais para nosso defensivismo: a imagem que queremos que os outros tenham de nós e a imagem que precisamos ter de nós mesmos.

O peso da perfeição

Desejamos e precisamos que os outros tenham uma imagem positiva a nosso respeito – quem somos, que habilidades temos, como é trabalhar conosco, se somos confiáveis, se somos competentes, se deveriam seguir nossa liderança, etc. Em decorrência disso, é natural que tentemos projetar a nossa melhor imagem. Quando alguém tem algo a nos dizer, tememos que ela tenha ficado arranhada, ou que ficará se não a defendermos. Não queremos passar a idéia de que não somos tudo aquilo que deveríamos ser ou de que há uma mossa em nossa armadura. Isso nos faria parecer tolos por não reconhecer e corrigir uma aparente fraqueza. Assim, em resposta a essa pressão, convocamos nosso departamento de marketing interior para administrar percepções e defender nossa reputação. Pode ser que estejamos protegendo nossa identidade – quem somos e que valores seguimos –, nosso comportamento ou nossas idéias. Porém, quando tentamos administrar percepções através do defensivismo, o esforço fica logo evidente.

Em 1973, numa entrevista coletiva sobre o escândalo de Watergate que estava sendo transmitida pela televisão, o presidente Nixon resistiu energicamente a admitir erros, enquanto defendia sua conduta no caso Watergate. "Não sou um vigarista", ele disse. "Em todos os meus anos de vida pública, jamais obstruí a Justiça. As pessoas precisam saber se o presidente delas é ou não é desonesto. Bem, eu não sou! Fiz por merecer tudo o que conquistei." Nove meses depois, o Congresso condenou Nixon e o obrigou a renunciar à presidência. Quer estejamos num cargo político, num papel de liderança corporativa ou num simples encontro cotidiano, as pessoas em geral percebem com clareza nossas manobras defensivas quando nos esforçamos em não assumir erros e ocultar a verdade, ou quando admitimos ter cometido enganos, mas os diminuímos considerendo-os bobagens.

Sem surpresa nenhuma, quanto mais visibilidade ganhamos, mais se espera que sejamos "perfeitos". É quase como se, para nos qualificarmos como líderes, não pudéssemos ter defeitos. A pressão social torna ainda mais difícil a admissão de erros. Em 13 de abril de 2004, numa entrevista coletiva, John Dickerson, da revista *Time*, fez uma pergunta inesperada ao presidente George W. Bush: "O senhor olhou para trás, para antes de 11 de setembro de 2001, para ver quais erros poderiam ter sido cometidos? Depois de 11 de setembro de 2001, em sua opinião, qual foi o seu maior erro e que lições o senhor tirou dele?"

A resposta do presidente revelou não apenas uma tendência política, mas também a propensão humana de esconder nossas fraquezas. "Gostaria que você tivesse me entregado esta pergunta por escrito antes, para que eu pudesse ter me preparado para ela", disse Bush. "John, estou certo de que os historiadores olharão para trás e dirão: 'Puxa, ele poderia ter feito isso melhor, desta maneira ou daquela.' Veja, eu tenho certeza de que alguma coisa virá à minha mente durante esta entrevista coletiva, mesmo com toda a pressão para tentar achar uma resposta, só que ainda não veio." Então o presidente foi em frente e explicou suas razões para ter feito as coisas em que acreditava estar *certo* – do Afeganistão ao Iraque. Terminou dizendo o seguinte: "Espero que... Não quero soar como se não tivesse cometido erros. Tenho certeza de que os cometi. Só que eu não... Você me pôs na berlinda aqui, e talvez eu não seja tão rápido quanto deveria na hora de encontrar uma resposta."

O presidente Bush foi mais rápido um mês depois, em um jantar para correspondentes na Casa Branca, quando veio à tona o assunto daquela pergunta inesquecível. "É uma excelente pergunta que me desnorteou por completo", admitiu ele. "Acho que, se olharmos para ela de modo prático, o meu maior erro foi ter convidado John." Talvez o presidente Bush perdesse com qualquer resposta: sim ou não. Se respondesse sim, seus oponentes e a imprensa ganhariam munição nova. Se respondesse não, pareceria arrogante. Como seria bom ouvir alguma coisa assim:

> *John, esta não é uma pergunta fácil de ser respondida. Admitir erros, seja diante da nação ou de minha mulher, é difícil. Acredito que esta seja uma tendência humana à qual somos todos suscetíveis. Para piorar a situação, a política se tornou uma arena onde admitir erros é visto como um sinal de fraqueza e uma oportunidade para os outros se aproveitarem, amplificando esses erros. Mesmo assim, cometi*

erros. Por exemplo, eu estava convencido de que era adequado para a segurança nacional fazer... [preencha os espaços em branco]. *Mas, como existem variáveis que ninguém controla, o resultado não foi o que eu esperava. Agora, já mais bem informado, ao olhar para trás, gostaria de ter agido de outra maneira.*

Dito isso, peço ao povo americano que me perdoe por esses erros – e pelos erros que certamente ainda cometerei. Não tenho a menor ilusão de ser perfeito e sei que as pessoas nesta sala não têm este tipo de ilusão a meu respeito também. Não existe uma presidência livre de erros: não foi possível para os 42 presidentes que me precederam. Aqueles que não aprendem com a História estão fadados a repetir os mesmos erros, e isso se aplica a mim, a vocês e a cada cidadão americano. Sei que posso fazer melhor. Obrigado pela honestidade da sua pergunta.

Talvez o presidente Bush tenha perdido uma boa oportunidade para tirar a discussão das políticas partidárias e da desfaçatez e desviá-la para a candura e a humildade. Seus predecessores certamente tiveram chances de fazer esse mesmo desvio e não as aproveitaram. Somente 43 pessoas na história dos Estados Unidos ouviram perguntas tão desconcertantes estando no comando do país, e é fácil dar conselhos ou fazer críticas quando não se está numa posição de tanto destaque. **A questão é que, não importando a veracidade da acusação, a sinceridade da pergunta ou a natureza dos comentários, nosso defensivismo, freqüentemente visto como evasivo, só serve para nos incriminar.**

Alegremente (des)preocupado

Outro motivo para resistirmos a comentários alheios é que desejamos e precisamos manter uma imagem positiva de nós mesmos. Ter uma auto-imagem precisa e saudável é uma meta essencial na vida e pré-requisito para as realizações positivas.

Qualquer coisa que contrarie essa boa imagem pode ser vista como ameaça à nossa identidade. Na realidade, há algo que pode ser dito contra os comentários alheios – é que uma dose de realidade, quando negativa, não é um bom remédio.

Uma pesquisa conduzida por Shelley Taylor, da Universidade da Califórnia, e Jonathan Brown, da Southern Methodist, mostrou que, quanto mais positivos somos sobre nós mesmos – ainda que nossa percepção não corresponda à realidade –, mais ficamos felizes, trabalhadores, benevolentes e determinados. Portanto, por que iríamos querer dar ouvidos a comentários que destroem nosso otimismo em relação a nós mesmos? E, quando os ouvimos, por que simplesmente não descartá-los, se somos mais felizes sem eles? Porque essa não é toda a verdade. Na realidade, a longo prazo, não seremos mais felizes, mais trabalhadores ou mais produtivos desse modo. Mark Leary, professor e diretor de psicologia da Universidade Wake Forest, realizou inúmeras pesquisas que apontam o perigo de uma visão excessivamente positiva de si mesmo:

> *Manter uma visão demasiadamente lisonjeira sobre a própria personalidade, as próprias habilidades e as próprias virtudes é, muitas vezes, uma receita para o desastre. O sucesso na vida decorre em grande parte de adequar nossas habilidades, tendências e interesses às situações, empregos e relacionamentos. Quando têm uma percepção equivocada de quem ou o que são, as pessoas tendem a tomar decisões ruins. Quantos, simplesmente por terem uma auto-imagem errada, estão presos em empregos, relacionamentos e vidas com os quais não combinam? Se as auto-ilusões não deixam uma pessoa enxergar suas próprias deficiências e fraquezas, é improvável que ela tente melhorar.*

Se ouvir comentários negativos é doloroso, a alternativa – ignorá-los – parece ser ainda pior. O defensivismo não elimina a verdade; em vez disso, apenas protege nossas ilusões, que, por sua vez, bloqueiam o progresso. Um filósofo anônimo disse: "Defendemos nossa escravização como se ela fosse nossa liberdade." A liberdade resulta da capacidade de ser realista e, ao mesmo tempo, manter uma visão positiva de si mesmo. Os comentários que ouvimos nem sempre estão corretos; as informações que recebemos são filtradas através das lentes parciais daqueles que as fornecem, assim como as daqueles que as recebem. No entanto, o que os outros nos dizem representa suas percepções a nosso respeito, e devemos levar em conta que a percepção deles *é* sua realidade. Se queremos trabalhar de modo produtivo com essas pessoas, precisamos compreender seu mundo. Não estamos dizendo que seja agradável ouvir discursos sobre nossas imperfeições, mas que a resistência a esses comentários nos condena a viver com esses defeitos. Uma das falhas que deveríamos examinar a fim de manter a mente aberta aos comentários alheios é a da lógica que sustenta nosso defensivismo. Como veremos, ela não é muito lógica, afinal.

Logicamente ilógico

A lógica por trás do defensivismo não se sustenta. Se estivermos errados, vamos mesmo querer defender uma idéia ou postura ruins? Se tivermos razão, será que o fato de sermos defensivos aumentará ou diminuirá a força de nossas posições? Ficará maior ou menor a probabilidade de os outros abrirem mão de suas idéias em prol de uma visão melhor? Será que o defensivismo pode promover maior receptividade de parte a parte? Nossa defesa ou a negação de nossas fraquezas serão capazes de nos deixar mais fortes? Embora não haja uma lógica por trás da tática do defensivismo, há muita emoção. O medo é a argamassa que mantém esse muro em pé. Nós temos medo de:

- não sermos suficientemente inteligentes, uma vez que não percebemos o problema antes;
- correr o risco de perder o que temos, ou quem somos, se mudarmos;
- perder prestígio se admitirmos que estamos errados;
- o mundo estar mudando, contra a nossa vontade – por isso defendemos o "mundo antigo", por acharmos que, sustentando nossas posições por tempo suficiente, a realidade se ajustará a nós;
- o passado ser diferente daquilo que pensávamos que ele era e o futuro vir a ser diferente daquilo que queremos que ele seja;
- termos realmente os defeitos que nos atribuem.

Se nos mostramos defensivos sempre que os outros fazem comentários a nosso respeito, eles param de nos trazer informação, mesmo quando ela nos seria muito útil. As pessoas passam de bom grado a ser meras espectadoras e deixam que a experiência nos ensine uma lição. "Você não pode isolar o mundo", disse Arnold Glasgow, "sem se isolar." Um dos meios que mais empregamos para isolar o mundo é o que chamamos de versão retocada.

Especialistas em versões

Durante um debate político, uma movimentação intensa ocorre na retaguarda de cada candidato, com os membros de cada equipe analisando tudo o que é dito, ponderando a possível reação do público e, quando necessário, fazendo correções. Logo após o fim do debate, cada lado reivindica a vitória com ansiedade e entusiasmo e garante que seu candidato transmitiu *a* mensagem com a qual o público se identificará. Após um debate, o que se divulga nem sempre é uma avaliação correta, mas uma versão cuidadosamente retocada que faz as idéias de um candidato parecerem ser de uma absoluta precisão e as do oponente, erradas ou disparatadas. Os profissionais que se destacam nessa tarefa são chamados de *spin doctors* (doutores em versões). Podemos apostar que, se examinarmos a retórica empregada após os debates políticos ao longo da História, não encontraremos um único candidato que tenha alguma vez perdido a batalha.

A elaboração de versões retocadas foi uma arte originalmente projetada para polir uma mensagem e deixá-la clara e precisa, a fim de que pudesse ser assimilada rapidamente pelo público. Hoje em dia, trata-se da habilidade de fabricar uma versão unilateral da verdade, que muitas vezes faz a fraqueza parecer um ponto forte e a falácia soar real. O relatório final da investigação promovida pela Câmara dos Deputados dos EUA sobre os estados afetados pelo furacão Katrina afirma o seguinte: "Um tempo precioso foi desperdiçado em questões absolutamente irrelevantes no que diz respeito à reação à calamidade, tais como o jogo da atribuição de culpas e as ofensivas de relações públicas." Em outras palavras, versões defensivas.

Esta prática não é exclusiva de políticos, personalidades da mídia ou investigações no Congresso. Não importa que o cenário seja o gabinete do presidente da República, o conselho de diretores de uma empresa na lista da *Fortune 500*, uma sala de reuniões ou uma sala de estar: cada um de nós aprende a criar sua versão da história para se mostrar sob uma luz favorável.

Embora não haja nada errado em princípio com o fato de termos nossa própria interpretação dos fatos, a roda das versões retocadas tem quatro raios principais que nos induzem à parcialidade e ao erro:

- **Exagerar**. Inflacionar a informação além de seu real significado.
- **Abrandar**. Filtrar, minimizar ou bloquear certas informações.
- **Manipular**. Distorcer e remodelar informações.
- **Inventar**. Criar informações que não têm sustentação na realidade.

Quando somos defensivos, tendemos a usar táticas de fabricação de versões retocadas para sufocar informações e favorecer a nossa causa. Infelizmente, o defensivismo nem sempre se revela em nossas palavras.

Ele disse (mesmo), ela disse (mesmo)

Não somos defensivos apenas quando alguém nos desafia ou faz um comentário a nosso respeito. Podemos nos mostrar defensivos em interações simples por causa de conversas anteriores, mas nem sempre essa atitude é visível imediatamente. Imagine uma reunião em que as palavras certas estão sendo ditas, mas mesmo assim o defensivismo retoca aquilo que está sendo falado e decodificado:

O que está sendo dito	O que de fato está sendo pensado/sentido
MELISSA: Obrigada a todos por terem se prontificado a ouvir esta proposta outra vez. Se não acreditássemos realmente na idéia, não estaríamos pedindo que a reconsiderassem.	MELISSA: Isso vai ser uma perda de tempo. A última vez que mencionei esta idéia, Craig a descartou por completo. Ele não deveria nem estar neste comitê de aprovação de orçamento. A falta de visão dele está atravancando a inovação aqui.

O que está sendo dito	O que de fato está sendo pensado/sentido
CRAIG: Bem, estamos sempre dispostos a dar uma segunda olhada quando o assunto justifica o tempo gasto.	CRAIG: Discordei da estratégia deles na primeira vez que ela a apresentou. Por que estamos passando por isso outra vez?
MELISSA: É bom ouvir isso, porque acho que o ambiente de negócios mudou desde o ano passado e que nossa estratégia está mais bem posicionada agora para as mudanças que estamos vendo no mercado.	MELISSA: Isso se parece mais com um desafio do que com um convite. A prova que ele espera é tão inviável que duvido que alguém consiga ultrapassar essa barreira.
CRAIG: Sou todo ouvidos. Que mudanças você está vendo?	CRAIG: Nenhuma mudança, por maior que seja, deixará a estratégia dela mais atraente. Ela só não quer desistir porque a idéia é *dela*.
MELISSA: Vamos começar com o novo mercado em que estamos propondo entrar, e depois fazer a relação do que aprendemos com o nosso público-alvo atual.	MELISSA: Ele não é todo ouvidos. Finge que está interessado porque assim se sente politicamente seguro. Não vai nem ouvir de fato, já tomou sua decisão.
CRAIG: (*interrompendo*) Por que você acha que não devemos nos concentrar em nosso mercado atual primeiro?	CRAIG: Por que ir atrás de um novo mercado quando estamos levando uma surra em nosso mercado atual? Acho que estão

(continua)

O que está sendo dito	O que de fato está sendo pensado/sentido
	procurando maneiras fáceis de cair fora. Isso é demais para eles e eles não têm idéia do que fazer.
MELISSA: Bem, se você me deixar terminar, eu estava prestes a explicar nosso raciocínio.	MELISSA: Ele está completamente por fora. Não consegue entender que há outras opções.

Enquanto a conversa esquenta, imagine o restante dela em suas idas e vindas. Nenhum dos dois ouve o que o outro diz porque filtra tudo através das versões existentes em suas cabeças. Na superfície, podemos usar palavras sinceras e educadas, mas as barreiras internas, que vão sendo constantemente fortificadas, praticamente impedem a ocorrência de conversas sinceras e abertas. Quando mentes conservadoras se chocam, o resultado é previsível.

Uma qualidade falsamente atraente da versão retocada é o seu grau de persuasão. Como exemplo, conversamos certa vez com o diretor executivo de uma empresa que precisava mudar sua estratégia corporativa. Com centenas de milhares de clientes individuais por todo o mundo e não muito dinheiro em caixa para testar novas abordagens, uma mudança na estratégia teria grandes implicações. O que veremos a seguir é a versão resumida de um ano de conversas que esse diretor executivo teve conosco e com outras pessoas. Ele foi um dos melhores "doutores em versões" que encontramos.

NÓS: Quer dizer então que vocês fizeram pesquisa de mercado?

DIRETOR EXECUTIVO: Sim.

NÓS: Onde?

DIRETOR EXECUTIVO: Los Angeles e Boston.

NÓS: Bom. Onde mais?

DIRETOR EXECUTIVO: Em nenhum outro lugar.

NÓS: Certo. Quantos clientes em Los Angeles e Boston?

DIRETOR EXECUTIVO: Doze.

NÓS: Doze?

DIRETOR EXECUTIVO: Doze.

NÓS: Que tipo de pesquisa de mercado vocês fizeram?

DIRETOR EXECUTIVO: De grupo.

NÓS: Quem organizou os grupos?

DIRETOR EXECUTIVO: Eu.

NÓS: O senhor?

DIRETOR EXECUTIVO: Eu.

NÓS: Bem, e todos gostaram da nova estratégia?

DIRETOR EXECUTIVO: Sim... No fim das contas, todos concordaram que era uma ótima estratégia.

NÓS: O que o senhor quer dizer com "no fim das contas"?

DIRETOR EXECUTIVO: Bem, dois deles gostaram dela desde o início, mas os outros deram um pouco de trabalho. No fim, acabaram concordando.

NÓS: O senhor vai mudar a estratégia da empresa toda, que tem milhares de clientes por todo o mundo, tendo por base o que o senhor pessoalmente acha e a opinião de doze pessoas em Los Angeles e Boston?

DIRETOR EXECUTIVO: Sim.

NÓS: Ahã.

Inconsciente ou conscientemente (não tínhamos como dizer ao certo), ele estava manobrando para conseguir aquilo que era seu desejo desde o início. Ele atribuiu à "pesquisa de mercado" um significado muito mais amplo do que seria razoável, filtrou a informação, isolou aqueles que discordavam, modificou dados à medida que eles chegavam e fabricou fatos que não existiam. Seu ponto de vista começou a se infiltrar na cultura da empresa, e podíamos ver a objetividade e a franqueza evaporarem. O guru do marketing Al Ries nos disse: "Nunca devemos nem sugerir que uma decisão tomada pelo presidente da empresa possa ter sido errada. Ninguém chega a ser presidente ou diretor executivo sem ter um ego poderoso. E as pessoas com egos poderosos nunca, em tempo algum, admitem que cometeram erros. Como então pode alguém vender uma nova estratégia sem conseguir convencer a empresa de que sua diretriz anterior estava errada? Primeiro, você precisa lhes dizer que suas estratégias estavam 'corretas para a época em que foram postas em prática'. Mas que os tempos mudaram e, por isso, elas precisam ser revistas. Nenhum diretor executivo nunca me disse que tinha cometido um erro." Quando um líder está propenso ao defensivismo, o resultado é uma cultura corporativa defensiva.

Uma refeição não tão feliz

Imagine a capa defensiva que um dia cobriu o McDonald's. Em 2001, após vários trimestres de lucros decrescentes, o McDonald's anunciou uma grande reestruturação que implicaria corte de cargos corporativos e consolidação de áreas de serviço. Uma reportagem de David Leonhardt na *Business Week* revelava o desempenho decepcionante da década anterior: notas sobre sabor dos alimentos muito mais baixas do que as atribuídas aos concorrentes, franqueados dissidentes, lucros em declínio, baixo desempenho das ações – sobretudo para uma marca que era a sexta mais reconhecida no mundo –, demissão de funcionários e aumento da concorrência. A resposta da empresa? Perguntaram ao presidente e diretor executivo Michael Quinlan se uma mudança era necessária. "Se precisamos mudar? Não, não precisamos. Temos a mais bem-sucedida marca no mundo." A ilusão de invulnerabilidade e a racionalização coletiva tinham afetado pessoas inteligentes, trabalhadoras e dedicadas – e até o diretor executivo que antes reconhecera que tinham "cometido alguns erros". Havia outros sinais de defensivismo cultural.

Leonhardt escreveu: "Enquanto o desempenho da empresa caía, os principais executivos jogavam a culpa uns nos outros. Criticavam abertamente os franqueados dissidentes e diminuíam sua relevância considerando-os uma pequena facção. Atribuíam as notícias negativas à percepção equivocada dos repórteres. E um analista de Wall Street mais renitentemente crítico foi barrado na última apresentação bienal de resultados à imprensa." Classificando de inimigos todos os que estavam fora do McDonald's, o diretor de marketing atribuiu à mídia os problemas de marca da empresa. "Se houvesse uma coisa que eu gostaria de mudar em relação ao McDonald's", disse o vice-presidente Brad A. Ball, "seria corrigir as concepções e as percepções errôneas que se tornaram predominantes nos últimos anos." O foco do defensivismo é a mudança dos outros, não a nossa. Por fim, o sol voltou a brilhar para o McDonald's com uma nova liderança, uma mente aberta e idéias novas.

Engatando uma marcha rápida

Em total contraste com o defensivismo que vemos com tanta freqüência, temos o exemplo de Carlos Ghosn, um brasileiro de origem libanesa que trabalha para uma empresa francesa (Renault) e que foi para o Japão a fim de virar pelo avesso uma tradicional empresa automobilística japonesa – as condições para o defensivismo eram perfeitas de ambos os lados. Em 1999, a Nissan tinha uma dívida de US$ 22 bilhões. Com custos de matéria-prima elevados, o desenvolvimento de novos produtos estava engatado em ponto morto e apenas um dos últimos 10 anos fora lucrativo. A Daimler-Chrysler e a Ford tinham ambas cogitado fazer ofertas para comprar a Nissan, mas recuaram. A Renault entrou em cena, comprou o controle acionário e chamou Ghosn para conduzir a transformação. "A empresa estava sendo vista como perdida", disse Ghosn. "Quando você é o último interessado que resta no leilão, sabe que vai precisar fazer a diferença ou não haverá futuro."

Atualmente, a Nissan está a todo vapor, com o crescimento das vendas em cinco anos quase se equiparando ao da Toyota e margens de lucro e retorno se igualando às das empresas mais admiradas da *Fortune*. Com um desempenho como este, é fácil dar crédito à clara estratégia de Ghosn de projetar modelos voltados para o mercado, insistir em avaliação de desempenho, cortar custos e criar equipes multifuncionais de trabalho.

Mais surpreendente do que o sucesso de Ghosn é a *maneira* como ele fez essas coisas e *como*, para começo de conversa, conseguiu fazê-las.

Em seu discurso para a equipe que trouxera consigo da Renault para "consertar" a Nissan, suas palavras revelam um compromisso com a franqueza e a determinação de não provocar uma atitude defensiva nos outros: "Vocês não são missionários. Vocês vieram aqui não para mudar o Japão, mas para endireitar a Nissan juntamente com os homens e as mulheres da Nissan. Somos nós que teremos de nos adaptar a eles – não cabe a eles se adaptar a nós."

Um gerente que trabalhou diretamente com Ghosn disse: "A idéia dele era derrubar as paredes, visíveis ou invisíveis, que reduzem um empreendimento coletivo a uma congregação de grupos e tribos, cada um com seu próprio idioma, seus próprios valores e seus próprios interesses. Forçar as pessoas a falar umas com as outras, ouvir umas às outras, trocar informações. Essa foi a essência de sua força."

Se pudermos deixar de lado nossas posturas defensivas e ouvir o que os outros têm a dizer, ficaremos mais fortes - mais fortes para sermos influenciados e mais fortes para influenciarmos. Quando Ghosn chegou à Nissan, ele ouviu o máximo de pessoas que podia. Elas lhe davam conselhos, diziam que ele não poderia fechar fábricas no Japão ou ir depressa demais ou reduzir o número de funcionários ou... "Ouvi atentamente, até aquelas opiniões que *eram totalmente contrárias às minhas próprias crenças*", disse Ghosn, "para ter certeza de que, quando tomasse minhas decisões, não deixaria escapar nada. Eu disse aos meus críticos: 'Não me julguem por um bom discurso, julguem-me por meus resultados. *Sejam muito cínicos. Sejam muito frios.* Vejam os lucros, as dívidas, a participação no mercado, a beleza dos carros. E então me julguem.'"

Em vez de se isolar ou de resistir ao que os outros estavam dizendo, ele caminhou corajosamente em direção a esses comentários - mesmo quando não gostava do que ouvia. Não precisava concordar com algo para compreendê-lo, mas precisava, sim, ser influenciado por aquilo. E isso fez toda a diferença. A abordagem de Ghosn permitiu que as idéias dos funcionários saíssem da área do bebedouro - onde elas quase sempre evaporam - e chegassem ao conselho de diretores da Nissan, onde poderiam trabalhar *a favor* da empresa em vez de contra ela.

4. Ser defensivo

pontos básicos

- Não há nada de errado com a defesa de uma idéia. Se a nossa intenção é permitir que as melhores idéias vençam, deveríamos ser capazes de aceitar qualquer posição sobre qualquer assunto em qualquer arena, a fim de testar a força do que estamos discutindo. No entanto, defender um ponto de vista não é o mesmo que ser defensivo.

- Quando o poder do ego predomina, nossa intenção se desvia da defesa honesta de nosso ponto de vista para a exclusiva legitimação dele; apesar da existência de falhas ou incorreções na nossa lógica, não admitimos avaliar outras opções. Num esforço implacável para estar "com a razão", fabricamos desculpas e descobrimos defeitos nos outros, mesmo quando esses defeitos não estão relacionados à discussão em questão.
- Até pedidos de desculpas podem ser defensivos.
- Resistimos a ouvir comentários alheios porque queremos, e precisamos, manter uma imagem positiva de nós mesmos. Qualquer coisa contrária a essa imagem positiva pode ser vista como ameaça.
- A lógica por trás do defensivismo não se sustenta. Se estivermos errados, vamos mesmo querer defender uma idéia ou postura ruins? Se tivermos razão, será que o fato de sermos defensivos aumentará ou diminuirá a força de nossas posições?
- A roda das versões retocadas tem quatro raios principais que nos induzem à parcialidade e ao erro: 1) exagerar: inflacionar a informação além de seu real significado; 2) abrandar: filtrar, minimizar ou bloquear certas informações; 3) manipular: distorcer e remodelar informações; e 4) inventar: criar informações que não têm sustentação na realidade.

5
Terceiro sinal de perigo
Exibir superioridade

> Uma mulher disse que eu estava agindo como Deus. Então eu proclamei a ela...
>
> WOODY ALLEN

Além de ser comparativo e defensivo, exibir superioridade é um dos quatro primeiros sinais de que o ego está enfraquecendo o resultado final. Embora os receptores possam identificar a exibição de superioridade com facilidade, seus executores raramente a percebem. Por exemplo, logo no início da minha carreira, quando eu (Dave) estava chefiando uma equipe de projetistas gráficos em um jornal, presenciei a seguinte conversa entre dois colegas:

SAM: Sarah, posso fazer um comentário sobre esse projeto?

SARAH: Hum (*pausa*), lógico, vá em frente.

SAM: Não estou querendo me gabar, mas acho que a minha criatividade e a minha habilidade são tão boas quanto as de qualquer pessoa em nosso departamento. Venho fazendo isso há mais tempo do que gosto de admitir e acho que tenho faro para o que parece bom e o que não parece. Para mim, esse projeto está malfeito, sem graça e... bem... previsível demais.

SARAH: Por que você está dizendo isso? Trabalhei muito nele e acho que está muito bom.

SAM: Bem, para início de conversa, quanto você trabalhou nele é irrelevante. Embora o que você fez *seja* criativo, você deixou confusa a mensagem principal que precisa chegar ao leitor. Os elementos visuais não estão muito bem equilibrados e, em vez de atrair, desviam a atenção. Além disso, você precisa se lembrar que isso vai estar num ambiente de jornal, cercado por outros anúncios e outras matérias. A idéia é criar um sinal de parada para o leitor, não um sinal de ir em frente. Se eu fosse você, trocaria isso aqui para...

SARAH: *(interrompendo)* Todos têm direito a uma opinião. Mas isso já foi mostrado ao cliente e ele adorou. Obrigada por suas idéias, mas acho que está ótimo do jeito que está.

Depois, naquela mesma tarde, Sarah me disse: "Embora ache que o Sam tenha algumas boas idéias, e respeite a experiência dele, não suporto quando ele tenta mostrar que é melhor do que eu. É como se ele achasse que está acima de cometer esses mesmos erros, só que não está. Além disso, ele passa a idéia de que eu deveria me curvar e ficar agradecida por ele se dar o trabalho de dedicar parte do seu precioso tempo a ajudar os 'pobres coitados'." Como era previsível, no dia seguinte Sam veio reclamar comigo sobre "quanto é frustrante que as pessoas se tornem tão defensivas quando faço sugestões que poderiam melhorar um projeto. Por que elas não ouvem alguém com mais experiência? Só estou tentando ajudar". **Quanto mais nós esperamos que as pessoas reconheçam, apreciem ou se deslumbrem com a nossa superioridade, menos elas nos ouvirão, *mesmo que de fato tenhamos idéias melhores.***

Quando os outros param de escutar, ficamos isolados não apenas do interesse deles por nossas idéias, mas também da inteligência com que poderiam contribuir para o aperfeiçoamento dessas idéias. Em decorrência disso, nos tornamos menos informados e menos influentes - o oposto do que esperávamos obter com nosso exibicionismo. É por isso que o exibicionismo é a suprema ironia; seja numa conversa, nas atitudes que adotamos para mostrar como somos sábios, na citação supostamente casual de nomes importantes para impressionar, na escolha de palavras ou frases bombásticas, no tom professoral com que tentamos nos promover ou na pouca atenção que prestamos ao que os outros dizem - em todas essas situações, quanto *mais* nos exibirmos, *menos* brilhantes pareceremos. Não há nada de errado em ser brilhante ou tirar proveito dos próprios talentos. Afinal de contas, para que serve o nosso brilho se não o usamos? Entretanto, quando fazemos isso para alimentar nosso ego, cruzamos a linha divisória entre o compartilhamento e o exibicionismo.

Você é inteligente mesmo, mas...

Em busca de superioridade intelectual, a maioria de nós gosta de se cercar de pessoas inteligentes, mas com uma condição: que elas compartilhem seu brilho de uma forma que possamos aceitar. Quando passam do compartilhamento para o exibicionismo, mesmo as pessoas mais inteligentes passam a ser ignoradas - ainda que sua participação seja absolutamente necessária. Por exemplo, se você estivesse pressionado para conseguir resultados excelentes e estivesse montando sua equipe, escolheria alguém de quem você gosta mas que não é propriamente um gênio ou uma pessoa brilhante mas insuportável? A resposta politicamente correta é: "Contrate o geniozinho. Podemos não gostar dele, mas não se encontra brilhantismo com facilidade por aí." É difícil argumentar contra isso.

Só que, quando chega a hora H e precisamos tomar uma decisão, fazemos o oposto. Em um estudo em tempo real sobre mais de 10 mil relacionamentos de trabalho, Tiziana Casciaro, da Harvard Business School, e Miguel Sousa Lobo, da Universidade Duke, descobriram que, embora as pessoas *dissessem* que escolheriam alguém que fosse "brilhante" mas arrogante, a realidade é que elas ficavam com aqueles de quem gostavam. Uma das razões para sermos excluídos quando exibimos superioridade intelectual é o traço de arrogância que as pessoas percebem em nós. Essa separação "dá ao segregador um falso senso de superioridade", disse Martin Luther King, "e ao segregado um falso senso de inferioridade".

Enquanto nos afasta dos outros, nossa suposta superioridade intelectual produz um pensamento de mão única: todos são discípulos e nós somos os mestres. Como mestres, desejamos ter a primeira e a última palavra, com o período de exibição mais longo possível entre os dois. Os discípulos não são impedidos de participar, mas, na verdade, tampouco são convidados a fazer isso. Se você prestar bastante atenção às conversas, verá que os exibicionistas mal conseguem distinguir o que é tolerância compulsória por parte dos outros e o que é interesse real. O diálogo se torna um monólogo e olhares vazios são interpretados como engajados e atentos. Enquanto isso, o mestre não percebe nada do que está acontecendo. "A arrogância intelectual", escreveu Peter Drucker, "muitas vezes produz uma ignorância incapacitadora."

Uma crise de identidade

Os efeitos do exibicionismo intelectual crescem sem parar, até incapacitarem uma carreira ou mesmo uma cultura. Na primavera de 2003, o *New York Times*, um dos jornais mais importantes do mundo, ficou desacreditado. Jayson Blair, um de seus repórteres, pediu demissão após uma investigação ter revelado que ele inventara ou plagiara inúmeras reportagens. Mas Blair era apenas a ponta do iceberg. Na sua fascinante narrativa sobre o caso, o jornalista Seth Mnookin analisou a cultura do *New York Times* e descobriu que a culpa estava tanto nos problemas situados abaixo da superfície quanto na falsidade de Blair.

A causa do tumor abaixo da superfície era Howell Raines, diretor executivo do *Times*, que de forma egomaníaca tinha conseguido abrir caminho até o topo da organização. Logo após sua ascensão ao cargo de editor executivo, qualquer pessoa que discordasse dele passou a ser tratada como uma nuvem escura a bloquear sua luz. Segundo Mnookin, "ele assumiu sua natureza autoritária, começou a editar o jornal de acordo com seus caprichos e preferências pessoais e, no processo, humilhava e marginalizava quem discordasse dele".

Como conseqüência do estilo egocêntrico de Raines, a cultura do *Times* se deteriorou. Os funcionários foram ficando infelizes, desencorajados e cada vez mais emocionalmente distantes da missão do jornal. Por sua vez, esse distanciamento moldava a produção e a qualidade de seus trabalhos. Os principais editores pararam de falar uns com os outros. Preocupações, idéias e problemas eram guardados para conversas confidenciais ou simplesmente não eram mencionados. "Todos se sentiam sitiados", disse Roger Wilkins, um antigo editorialista e colunista do *Times*. "O instinto de cooperar e proteger um companheiro diminuíra. Quando Thor está lá em cima arremessando raios, os momentos mais felizes de alguém são aqueles em que esses raios atingem outra pessoa."

Apesar do seu talento, em apenas 20 meses o exibicionismo de Raines criou o caos, manchou a boa reputação de um prestigiado jornal e destruiu os anos de esforços pessoais e contribuições que o tinham qualificado para um cargo tão importante.

"Raines cometeu o erro fatal de mulheres e homens talentosos que permitem que sua ascensão ao topo seja caracterizada pelo ego e por uma determinação cega", escreve Mnookin. "Ele confundiu a própria identidade com a da empresa que comandava. No fim, esse homem que se fizera sozinho foi destruído pela necessidade de se ver no centro de todas as histórias." O que aconteceu no *Times* ilustra à perfeição como o exibicionismo de uma pessoa afeta as outras. No entanto, esse exibicionismo não é um problema exclusivamente individual.

A meia-vida da superioridade intelectual

Quando iniciamos nossa carreira, começamos a trabalhar com um novo patrão ou assumimos um novo cargo em nossa empresa atual, passamos por uma curva de aprendizado. Por causa dessa curva, é provável que não sejamos tão relevantes ou valiosos hoje quanto seremos daqui a, digamos, seis semanas ou seis meses. Ninguém espera que a gente seja. O que se espera é que completemos essa curva de aprendizado o mais depressa possível. Na figura da página ao lado, a caixa representa nosso conhecimento acumulado, nossa experiência e competência. O tamanho dessa caixa varia para cada um de nós, mas, qualquer que seja sua dimensão, a curva representa a relevância daquilo que está dentro da caixa. Quanto mais alta for nossa posição na curva, mais indispensáveis seremos para a empresa e maior a demanda por nossos serviços no mercado de trabalho. No entanto, existe um requisito básico para que uma pessoa se mantenha no topo ou se mova em direção ao ponto mais alto dessa curva – a tampa da caixa precisa estar sempre aberta aos novos conhecimentos.

"Quanto maior a ilha de conhecimento", disse Ralph Sockman, "mais extenso será seu litoral de admiração." Embora a metáfora de Sockman provavelmente esteja correta, somos suscetíveis a uma falsa impressão de competência. **Se o ego está desequilibrado, inverte-se a relação entre aumento de conhecimento e aprendizado; quanto mais sabemos, mais confiantes nos tornamos. E, quando nossa confiança em nosso próprio conhecimento chega àquele ponto em que passamos a achar que pouco nos resta a aprender, ficamos menos abertos.** Este é o ponto do perigo; a tampa de nossa caixa de conhecimento começa a se fechar. À medida que ela se fecha, idéias novas passam a encontrar mais dificuldade para entrar, idéias imperfeitas acham mais difícil sair e, assim, começamos a descer a curva do outro lado. Quanto maior for a velocidade de fechamento da tampa, mais rápida será a descida.

A decadência fica evidente em nosso vocabulário: "Se você estivesse aqui há tanto tempo quanto eu..." ou "Sei que minha experiência fala por si, mas...". Lá se vai nossa relevância. Uma vez fechada a caixa, despencamos ladeira abaixo e atingimos o outro extremo da curva – tão relevantes no fim de nossas carreiras quanto éramos no início. O filósofo Eric Hoffer disse: "Em tempos de mudança, os aprendizes herdarão a Terra, enquanto os

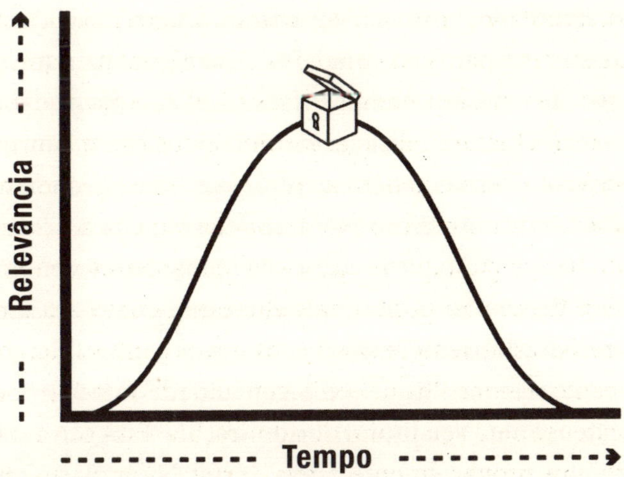

eruditos se descobrirão belamente equipados para lidar com um mundo que não existe mais." Ao que o futurólogo Alvin Toffler acrescentou: "Os analfabetos do século XXI não serão aqueles que não sabem ler e escrever, mas aqueles que não conseguem aprender, desaprender e reaprender." Se quisermos aumentar o nível do nosso conhecimento e da nossa relevância, o primeiro passo para alcançar a liderança é aprender.

O seu, o meu e o nosso

É vital manter nossa caixa de conhecimento aberta. Todavia, isso não basta. Em uma organização, nenhuma pessoa é o único gênio e, para que haja progresso, uma única caixa de conhecimento não é suficiente. Infelizmente, a mensagem do "gênio solitário" é aquela que é propagandeada e a que as pessoas estão inclinadas a comprar. Um número excessivo de reportagens retrata "a pessoa" que recebe crédito por um sucesso como isolada daqueles que trabalham com ela. Quem recebeu o crédito por inventar a linha de montagem? Henry Ford. E quanto ao telefone? Alexander Graham Bell. A quem deveríamos agradecer pelo lugar mais alegre na Terra? A Walt Disney. Quem dirigia a empresa que podia vender uma geladeira, uma lâmpada e um motor para jatos ao mesmo tempo? Jack Welch. Quem fabrica o Windows? Bill Gates. A lista poderia não ter fim e, por incrível que pareça, as pessoas sabem as respostas. Mas, quando apenas uma pessoa recebe o crédito por uma determinada descoberta ou façanha, a nossa visão sobre o que realmente aconteceu nos bastidores fica distorcida. A pergunta é: até que ponto são realmente *solitários* os gênios solitários?

As pesquisas mostram que a genialidade nunca é fruto de uma única mente. Vejamos um exemplo da lista acima: Henry Ford inventou a linha de montagem, certo? Na verdade, essa não foi uma idéia original de Ford. Em 1799, Eli Whitney propôs uma abordagem inovadora para a fabricação de produtos. Ele usou as teorias da divisão do trabalho e da liberdade de construção para criar a montagem por partes. Whitney, por sua vez, aproveitou as teorias do economista Adam Smith. Foi em 1901 que Ransom Eli Olds patenteou a primeira linha de montagem e a pôs em operação na sua fábrica, a Olds Motor Vehicle Company.

A Olds foi a primeira empresa a produzir automóveis em série nos EUA, mas foram os engenheiros de Henry Ford que aperfeiçoaram o conceito de linha de montagem. Como? Por tentativa e erro, ou seja, num processo evolutivo, e não devido a um acontecimento único, uma só idéia ou pessoa. Mais importante ainda, tratou-se de um esforço *coletivo* de Peter E. Martin, superintendente da fábrica, Charles E. Sorensen, assistente de Martin, C. Harold Wills, projetista e fabricante de ferramentas, e Clarence W. Avery e Charles Lewis, supervisores da primeira linha. Entre outras melhorias, eles acrescentaram uma esteira transportadora e construíram as fábricas *em torno* da linha de montagem. Devido a esses avanços, a Ford fabricou em 1916 cerca de 700 mil Modelos T, o equivalente ao dobro da produção de todos os seus concorrentes juntos. A maior eficiência lhe permitiu reduzir os preços à metade, de modo que um carro era vendido por US$ 360 em 1916. Em 1924, o preço tinha caído para US$ 290. O velho ditado "Duas cabeças pensam melhor do que uma" é verdadeiro.

Diversidade: politicamente correta ou necessária?

Duas cabeças não apenas pensam melhor do que uma como também, segundo as pesquisas, muitas cabeças pensam melhor do que duas. No entanto, a colaboração não é praticada na mesma proporção em que é apregoada. Concepções errôneas sobre como aproveitar a inteligência ao máximo talvez sejam culpadas por isso. As respostas para as seguintes perguntas podem revelar esses equívocos. Considere este cenário: você está enfrentando um grande problema. Se não conseguir solucioná-lo, será despedido. Se conseguir, será promovido. Com sua experiência, você provavelmente poderia solucioná-lo sozinho. Mas será que o faria? Ou – considerando quanto está em jogo – optaria pela inteligência coletiva, apenas para se precaver? Como você incluiria os outros: preferiria uma equipe formada por membros escolhidos aleatoriamente ou selecionaria os participantes pessoalmente? Se você está na área de recursos humanos, escolhe principalmente indivíduos dessa área? Ou, se trabalha em vendas, chama os vendedores que têm os melhores resultados? Qual abordagem é a aposta mais segura para sua carreira?

Scott Page, cientista político e economista da Universidade de Michigan, respondeu a algumas dessas perguntas, e suas respostas não refletem a sabedoria convencional. Page criou uma experiência em que grupos de pessoas eram desafiados a solucionar o mesmo problema. Como era de esperar, quando essas pessoas eram isoladas e trabalhavam sozinhas, algumas demonstravam mais capacidade para encontrar uma solução e outras, menos. No entanto, a etapa seguinte da pesquisa não produziu resultado tão previsível. Page reuniu os bons solucionadores de problemas com os não tão bons. Que efeito o elo mais fraco produziria na capacidade coletiva para solucionar um problema? Seriam os bons prejudicados pelos não tão bons? Juntas, as equipes mistas quase sempre se saíam *melhor* do que os bons solucionadores de problemas quando estavam sozinhos. Mas, espere um minuto – e se você montasse uma equipe composta *apenas* por aqueles que eram os melhores solucionadores de problemas quando estavam sozinhos? Será que isso não produziria resultados ainda mais satisfatórios? Na realidade, não.

Mesmo quando os "mais inteligentes" solucionadores individuais de problemas eram reunidos na mesma equipe, eles não produziam resultados tão bons quanto aqueles obtidos pelos bons e os não tão bons. Juntas, as pessoas possuem mais conhecimento para solucionar os problemas mais difíceis que surgirem, para inovar ou aproveitar novas oportunidades", relata Page. "As nossas diferenças individuais - diferenças no modo de pensar, nas ferramentas cognitivas que possuímos, nas nossas perspectivas - estão muito distantes do pensamento dominante numa sociedade que preza talentos e conquistas individuais. Não deveria ser assim. Nossa capacidade coletiva depende tanto de nossas diferenças quanto de nossos QIs individuais. Será que essa lógica sugere que deveríamos abandonar a meritocracia? É claro que não. Evidentemente, a capacidade individual é importante. Mas - eis a armadilha - a diversidade também é. Nossa capacidade é limitada. Nossas cabeças contêm um número determinado de neurônios e axônios. Coletivamente, não sofremos dessa limitação." Quando o exibicionismo interfere, o QI coletivo cai e a diversidade desaparece.

Às vezes o desaparecimento da diversidade se deve a um exibicionismo sutil. A versão sutil pode ser desencadeada por uma promoção ou um cargo de confiança numa organização. Com a percepção de poder vem a tentação de ver as coisas a partir de um ponto de vista auto-referente. "Afinal de contas", talvez pensemos de modo subconsciente, "eu não teria esse cargo se já não soubesse as respostas, ou não fosse esperto o bastante para descobri-las sozinho." Em geral, em casos como este, não nos desviamos de nosso caminho para compreender a perspectiva dos outros.

Em *A sabedoria das multidões*, James Surowiecki aprofunda o estudo da teoria da inteligência coletiva e das perspectivas diferentes. Ele cita inúmeras pesquisas que provam que a inteligência coletiva sempre supera a de um único indivíduo. Se investigarmos tudo, de competições para contar grãos de feijão ao desempenho no mercado de ações, descobriremos que as melhores decisões são aquelas tomadas pela inteligência coletiva e não pelo gênio solitário. Surowiecki mostra que, desde que as pessoas analisem as idéias minuciosamente e de forma independente primeiro, até mesmo o método usado para tomar decisões não importa muito, contanto que a sabedoria coletiva da multidão seja aproveitada. Em outras palavras, um processo que vise descobrir o que está acontecendo a partir de perspectivas diversas – em vez de um que se baseie nas idéias de um único indivíduo – aumenta em 50% a probabilidade de uma decisão melhor ser tomada.

Existem, claro, exceções à regra de que a inteligência coletiva supera a do gênio solitário. Mas são raras. Se uma peça de teatro fosse escrita por um comitê, você não esperaria que ela chegasse à Broadway e muito menos que ganhasse um Tony. É bem maior a probabilidade de um poema ficar mais bonito se for escrito por uma única pessoa. Mas, sim, você provavelmente vai preferir que os vírus de computador sejam eliminados por uma equipe (permitindo a vitória da melhor idéia) e não por um gênio solitário. Sim, você quer juntas médicas solucionando problemas de saúde. E, sim, prefere que o país seja governado pelo povo e para o povo. Mas, no mundo dos negócios, mesmo quando existe *alguém* que supera *todos os outros*, o que acontece quando esse alguém vai embora ou perde a relevância? A cultura fica sem história coletiva, sem costumes, sem capacidade para inovar. Aumentar a probabilidade de surgimento de uma idéia genial não é tarefa para uma única pessoa.

Na aritmética da verdadeira superioridade, qualquer número (você) multiplicado por apenas um (o seu esforço individual) só pode ser igual ao número original (você por você mesmo). A chance de sucesso dessa equação depende de uma inteligência cuja probabilidade de ocorrência é de uma em um milhão – o que não é uma estratégia confiável. **Embora idéias excelentes continuem a brotar das mentes daqueles poucos seres brilhantes, a vasta maioria das idéias inteligentes e sua execução aguardam o restante de nós.** Ser inteligente contribui, desde que o grupo seja diversificado, para o brilho das idéias. Tentar ser a pessoa mais inteligente numa sala cheia de pessoas inteligentes não fará com que isso ocorra.

O fato é que existem dezenas de pessoas por trás dos rostos dos gênios solitários responsáveis pelo sucesso de uma organização. Em um número da *Fortune* que analisava o desempenho da Apple, havia um retrato de Steve Jobs na capa, mas a fotografia que estava dentro da revista mostrava seis pessoas sentadas a seu lado – não atrás dele, nem em frente a ele. O artigo se refere a eles como "sindicato de gênios" – ou seja, uma genialidade *coletiva*. E, para cada pessoa sentada junto a Jobs, havia outra foto igualmente importante mostrando os funcionários que se sentavam perto delas. Trabalhar *com* pessoas – não acima, abaixo ou ao redor delas – é o segredo da verdadeira genialidade.

5. Exibir superioridade

pontos básicos

- Embora o exibicionismo seja facilmente percebido por quem é alvo dele, os exibicionistas raramente o notam.
- Quanto mais esperarmos que as pessoas reconheçam, apreciem ou fiquem deslumbradas com nossa superioridade, menos elas nos escutarão, *mesmo que de fato tenhamos idéias melhores*.

- A afetação de superioridade é a suprema ironia; quanto *mais* nos exibimos, *menos* a nossa genialidade vem à tona – e a probabilidade de sermos brilhantes diminui.
- Quando as pessoas passam do compartilhamento para o exibicionismo, começam a ser ignoradas – mesmo que sejam absolutamente necessárias.
- Se o ego está desequilibrado, inverte-se a relação entre aumento de conhecimento e abertura ao aprendizado; quanto mais sabemos, mais confiantes nos tornamos. Quando nossa confiança em nosso próprio conhecimento nos faz achar que pouco nos resta a aprender, nos tornamos menos abertos. Este é o ponto perigoso: a tampa de nossa caixa de conhecimento começa a se fechar e perdemos relevância.
- As pesquisas mostram que, em geral, a genialidade de uma idéia não é fruto de uma única mente. Um processo que busque descobrir o que está acontecendo a partir de várias perspectivas – em vez de um que se baseie nas idéias de um único indivíduo – aumenta em 50% a probabilidade de a melhor decisão ser tomada.

6
Quarto sinal de perigo
Buscar aceitação

Aqui está um segredo que ninguém lhe contou: a vida é como uma escola. O mundo em que você está prestes a entrar está repleto de mesquinharias juvenis, rivalidades adolescentes, inseguranças típicas de quem tem 13 anos e falsas bravatas de quem tem 14.

TOM BROKAW

Se você pudesse voltar e reviver seu período escolar, você o faria?

Às 7h26 de uma fria manhã de setembro, entramos num ônibus escolar e fizemos exatamente isso. Embora estivéssemos algumas décadas acima da idade certa, nossa visita a uma escola de ensino fundamental rapidamente reavivou nossas memórias. Você se lembra da pressão dos colegas, das panelinhas e da sua preocupação em tentar se encaixar? Ela continua lá. Comentários, perguntas e ações parecem ser instantaneamente avaliados tendo em mente a sua aceitação por seus colegas. Alguns jovens se esforçam para chamar atenção sobre si mesmos, outros procuram evitar isso a qualquer custo.

A escola fundamental é a nossa primeira introdução genuína ao jogo pesado da busca de aceitação – o que é que "eles" vão pensar, o que foi que disseram, o que queriam dizer com aquilo, o que eu deveria dizer, como deveria agir, o que deveria vestir, o que todos os outros estão vestindo, quem está se dando bem com quem? Embora algumas dessas preocupações sejam motivadas por enormes quantidades de hormônios – e nem todas as atitudes ou todos os comportamentos sejam disfuncionais –, elas estão por toda parte.

Faz se você é homem...

As pesquisas formais parecem corroborar aquilo que observamos nas escolas. Para descobrir quantos adolescentes assumem riscos desnecessários a fim de impressionar seus amigos, cerca de 300 deles foram avaliados nos Estados Unidos e na Irlanda. Vinte e cinco por cento admitiram dirigir perigosamente. Um terço dos estudantes do sexo masculino disse que tinha feito loucuras apenas para impressionar os outros. A necessidade premente de serem aprovadas torna as crianças conscientes demais de seu próprio comportamento. Quanto mais preocupadas com o julgamento dos outros elas ficam, menor é a probabilidade de apresentarem um bom desempenho. O desempenho em jogos eletrônicos cai 25% quando os jogadores sabem que estão sendo observados.

Em nosso papel de pais, vimos como a necessidade de aprovação preocupa nossos próprios filhos. Em várias ocasiões, chegamos em casa do trabalho e ouvimos um deles dizer: "Papai, vem aqui fora me ver dar uma cambalhota!" Muitas vezes, as crianças ficam tão preocupadas com o fato de as estarmos observando ou não que suas recém-descobertas habilidades lhes escapam momentaneamente. Quando se importam demais com o que os outros pensam e como reagirão ao que fazem, deixam de focar o ato em si. Alegremente, nós encerramos nosso dia de recordações na escola local pouco antes da hora do almoço - que, por si só, é outra recordação. Que alívio estarmos livres do desgastante desejo de obter a aprovação dos outros!

Só que nós não nos libertamos por completo disso.

Quando o ego não é bem controlado, em vez de nos livrarmos da necessidade juvenil de sermos aceitos, nós a incorporamos como "adultos". De acordo com um estudo, 30% dos homens admitem já ter levantado peso excessivo para impressionar seus amigos. Vinte e sete por cento das mulheres confessam fazer ginástica em demasia para impressionar outras mulheres. Ao se exercitarem ao lado de outras pessoas, os corredores muitas vezes aceleram o passo e cobrem distâncias mais longas do que deveriam. O mesmo desejo de ser aceito que nos leva a cometer excessos também produz decisões desfavoráveis e culturas empresariais fracas.

Empresa ginasiana

Jenny Chatman, da Haas School of Business da Universidade da Califórnia em Berkeley, estudou 120 estudantes da Northwestern que tinham participado de entrevistas de emprego. O percentual de contratações dos que diziam exatamente o que recrutadores adoram ouvir - como "a sua empresa tem a reputação de prestigiar o trabalho de equipe e isso é uma coisa que eu considero muito importante" - era duas vezes maior que o daqueles colegas mais tímidos, ainda que igualmente qualificados ou até mesmo mais qualificados. Se você é um profissional de RH que se deixa influenciar por elogios, provavelmente irá contratar a pessoa errada.

Quer estejamos buscando ou concedendo aceitação, quando nos mostramos excessivamente ansiosos por ela ficamos vulneráveis a comentários hipócritas e informações falsas. Tendemos também a dizer tudo aquilo que, em nossa opinião, nos trará a aceitação de que necessitamos, e isso, por ironia, aumenta as chances de sermos rejeitados.

No início da década de 1980, um grande amigo nosso era um dos sócios de uma pequena firma de programas de computador em Boston. A Foot Locker selecionou a empresa dele para se candidatar a um grande contrato de venda de software. Para surpresa de nosso amigo, sua firma foi uma das duas finalistas chamadas para fazer a apresentação decisiva. A outra era a IBM. Na manhã da apresentação deles, fizeram a defesa de seu produto da melhor maneira que podiam, perante o comitê executivo. Ao acabarem a apresentação, o presidente da Foot Locker perguntou: "Qual é o tamanho da empresa de vocês?"

Secretamente, o tamanho de sua empresa era a maior preocupação de nosso amigo – em especial quando comparada à IBM, que, por sinal, já fizera sua apresentação. Eles estavam convencidos de que perderiam o negócio se parecessem ser pequenos demais para dar conta da encomenda. Um de seus sócios começou então a descrever o grau de experiência que eles tinham coletivamente, o número de clientes para quem já tinham trabalhado, a escala de alguns dos projetos que tinham concluído com sucesso e o grau de satisfação dos clientes com os resultados. Mencionou tudo que pudesse passar a idéia de que a empresa era grande – pelo menos suficientemente grande. "Eu mesmo fiquei impressionado com a resposta dele", disse nosso amigo. "Nós *parecíamos* grandes."

Após buscar assim a aceitação do diretor executivo, eles se sentaram para esperar seu veredicto – e ele veio. Depois de parabenizá-los por seu sucesso, o presidente acrescentou: "Para nós, isso é também uma pena. A última vez que trabalhamos com uma empresa grande e experiente como a de vocês, eles se mostraram tão frios e distantes que nunca conseguíamos o que queríamos no momento em que precisávamos", disse. "Por tudo o que está em jogo para nós neste momento, não podemos nos arriscar a ter esse tipo de tratamento outra vez. Precisamos trabalhar com uma empresa pequena, acessível e empreendedora. Acho que vamos continuar procurando, mas muito obrigado por sua apresentação e pelo interesse demonstrado em nosso projeto." Mesmo quando a busca dá certo, isso não significa que a aceitação obtida seja desprovida de riscos.

Meu Deus, que dentes lindos você tem!

Para alguns, demonstrar aceitação é uma maneira de obtê-la em troca. Você já viu uma pessoa bajular outra esperando receber aprovação em retorno? É incrível que os chefes não se dêem conta disso. Em um artigo sobre a sutileza dos falsos elogios, Kim Girard, da revista *Business 2.0,* sugere algumas frases que você pode usar:

"Estou realmente animado com a sua proposta. Que idéia original!" (A hipérbole deve ser realista.)

"É como o(a) senhor(a) disse na reunião da semana passada: a marca é tudo." (Os chefes gostam de ouvir de volta aquilo que disseram antes.)

"Você está ótimo(a). Essa dieta dos pontos está realmente funcionando." (Personalize seu elogio para que soe sincero.)

"Entendi. Excelente idéia. Vou seguir sua sugestão, e o(a) senhor(a) disse que quer isso para hoje à noite, certo?" (Mostre que ouviu com atenção.)

Papagueie idéias-chave ou slogans. O uso das frases favoritas de seu/sua chefe em reuniões, relatórios e memorandos mostra que você entende as mensagens, respeita suas opiniões e compreende perfeitamente o que se espera de você no trabalho. Isso não requer prática, apenas cinismo.

Fique atento aos interesses de seu/sua superior(a). Aquelas fotografias dos filhos em cima da mesa de trabalho estão lá por um motivo. Pergunte por eles. Se jogar tênis, sugira uma partida depois do expediente. No mínimo, convide seu/sua chefe para almoçar. Fale sobre ele(a), não sobre você.

Não há nada necessariamente errado com as idéias acima, desde que a intenção que as motive seja verdadeira. No entanto, o que o artigo parece sugerir é: minta, mas não deixe que sua mentira transpareça. Finja sinceridade. Essas táticas nada mais são do que dicas para enganar as pessoas com quem você trabalha e que talvez estejam em busca de aceitação. Essa maneira de manter relações de trabalho precisa acabar. **A questão é: que benefício alguém estará acrescentando e que benefício a empresa estará obtendo se o próprio líder estiver em busca de aceitação? Se uma pessoa deseja que lhe digam apenas aquilo que a faz se sentir bem, que tipo de contato com a realidade se pode esperar dela na hora de tomar decisões?**

Quando ser legal não é legal

Quando preferimos a popularidade à sinceridade, as conversas ficam artificiais e a realidade se esconde. Isabelle Royer, da Universidade de Paris em Dauphine, pesquisou o sucesso de projetos em organizações. Depois de descobrir que a maioria dos projetos novos não dá certo, ela se perguntou por que mais pessoas não se manifestam quando idéias questionáveis são propostas, uma vez que o índice de fracassos é alto e os custos são pesados. Em um artigo para a *Harvard Business Review*, ela escreveu: "Os abortadores [as pessoas que sabem que um projeto deveria ser morto no nascedouro] precisam ser corajosos, dispostos a colocar suas reputações em jogo e enfrentar a probabilidade de serem excluídos das graças da equipe do projeto."

Projetos ruins nem sempre fracassam porque não conseguimos enxergar seus problemas. Às vezes eles não dão certo porque trocamos a sinceridade pela camaradagem ou pela popularidade. As culturas que incentivam as pessoas a não revelar o que pensam custam tempo, dinheiro e talento às suas organizações. Pedimos a mais de 1.000 empresários que avaliassem, numa escala de 1 a 10, o grau de sucesso de suas empresas na criação de uma cultura em que as pessoas se sintam livres para revelar o que pensam e não se mostrem excessivamente preocupadas em buscar aceitação. Veja aqui como eles avaliaram suas empresas:

- As pessoas compartilham suas preocupações diretamente com seus colegas nas reuniões, e não com "outros" após as reuniões – 5,4.
- As pessoas não se mostram intimidadas pelas que estão em escalas hierárquicas superiores – 5,9.
- As pessoas revelam pensamentos e sentimentos sinceros mesmo quando podem se tornar impopulares – 5,9.

A metade de 10 talvez não pareça um resultado ruim. Pensando melhor, imagine que um grande amigo quer marcar, para você, um encontro romântico com uma pessoa que você não conhece. Um pouco hesitante, você lhe pede que descreva por alto a aparência dessa pessoa, sua personalidade, seu senso de humor, seu grau de inteligência, sua história, seus interesses, etc., numa escala de 1 a 10. Se seu amigo respondesse "Ah... bem... eu lhe daria talvez um 6", você ficaria entusiasmado? O mesmo raciocínio pode ser aplicado às empresas: quando temos culturas com nota 6, as pessoas não se mostram entusiasmadas em ir para o trabalho nem totalmente engajadas quando chegam lá.

Por que fazemos isso

A maioria das pessoas acha que, quando alguém tem um problema de ego, trata-se de ego em excesso. A busca por aceitação pode ser um sinal de que temos um ego *muito pequeno*, o que é igualmente ineficaz. Embora a maioria não necessariamente encare a busca por aceitação como um indício de mau gerenciamento do ego, ela pode ser o sinal mais comum de todos. Não a vemos como um traço mais visível porque a aceitação *genuína* é muito valiosa. Mas como pode a busca por algo tão significativo ser um sinal de perigo? Ela não é – até sua motivação mudar.

Todas as pessoas precisam saber que são relevantes – que têm algum valor. Todo mundo é assim. Precisamos ser amados e respeitados. Desde o momento em que nascemos, buscamos aceitação e, ao fazermos isso, aprendemos que os outros nos aceitam ao levar em consideração aquilo que fazemos ou dizemos. Quando cantamos nossa primeira canção, soletramos o alfabeto pela primeira vez ou damos nossos primeiros passos, as pessoas que nos cercam reagem. Nós interpretamos suas reações àquilo que fazemos ou dizemos como uma aceitação ou uma rejeição, uma aprovação ou uma desaprovação, algo bom ou ruim. Essas reações nos ajudam a aprender quais idéias e comportamentos devemos ou não devemos adotar. Infelizmente, existe uma interpretação enganosa também.

Sob a influência da busca de aceitação, acreditamos que as reações dos outros nos avalizam como pessoas aceitáveis ou não. Não separamos nossas ações de quem realmente somos – seres humanos intrinsecamente valiosos e merecedores de amor e respeito. Para sermos mais aceitáveis, nos esforçamos para projetar uma imagem positiva, que reflita aquilo que acreditamos ser o que os *outros* pensam que deveríamos ser, em vez de sermos quem verdadeiramente somos. "Se eu lhe disser quem sou", disse John Powell, "talvez você não goste disso, e é tudo o que eu tenho." Quando tememos ser rejeitados, pouco apreciados ou pouco aceitos, trocamos a autenticidade e a autoconfiança pela aprovação daqueles que nos cercam.

Respeito por si mesmo e aceitação

É grande a diferença entre querer ser respeitado e reconhecido e estar desesperado por isso, mesmo que momentaneamente. **Quando nosso ego insuficiente nos priva de um senso de identidade saudável, a aprovação dos outros passa a ser nossa principal meta e um grande obstáculo à manifestação de nossas próprias idéias.** Nesse caso, buscamos aceitação porque acreditamos que, obtendo a aprovação dos outros, isso alimentará nosso ego com aquilo que lhe falta. No entanto, trata-se de calorias vazias. Se formos hipersensíveis ao modo como os outros reagem àquilo que dizemos, àquilo que temos, a nossas idéias ou ações, nós lhes entregaremos o controle de nossos sentimentos sobre nós mesmos.

Quando outras pessoas ocupam o banco do motorista de nossa autoconfiança, moldamos nossos pensamentos e nossas ações ao que achamos que será aprovado por elas; tornamo-nos bajuladores e não revelamos o que está em nossas mentes. As pessoas então recebem boas idéias de nós – só que, infelizmente, não as nossas melhores idéias. Por ironia, quando elas não recebem o que temos de melhor a oferecer, a probabilidade de nos darem a aceitação que merecemos diminui. No fundo, sabemos que poderíamos ter contribuído mais e, quase sempre, lamentamos não tê-lo feito. Esse desapontamento corrói nossa confiança e enfraquece nosso ego.

Quando nosso desejo de aceitação é saudável, o amor e o respeito dos outros continuam sendo importantes para nós, mas deixam de ser nossos únicos objetivos. É possível querer aceitação e, ao mesmo tempo, não permitir que ela afete nossa autoestima ou autenticidade. Quando nosso desejo de reconhecimento e respeito está equilibrado, fazemos uma clara distinção entre quem somos e aquilo que fazemos. Talvez não tenhamos sido tão criativos quanto gostaríamos naquela última reunião, mas permanecemos capazes de valorizar nossa criatividade: um dia árido não significa que a perdemos. Podemos ter contribuído para o debate com uma idéia irrelevante, mas quem não o faz às vezes? Ainda poderemos produzir milhares de pensamentos relevantes. Por ironia, quanto menos nos preocupamos em manter uma imagem impecável e em obter a aprovação dos outros, mais somos aceitos de verdade e mais confiáveis nos consideram.

6. Buscar aceitação

pontos básicos

- Quando o ego não é bem controlado, em vez de nos livrarmos da necessidade juvenil de sermos aceitos, nós a incorporamos à vida adulta.
- Quer estejamos solicitando ou concedendo aceitação, quando somos excessivamente ansiosos por ela ficamos vulneráveis a comentários hipócritas e informações falsas. Tendemos também a dizer tudo aquilo que, em nossa opinião, nos fará obter a aprovação que buscamos. Por ironia, esse tipo de comportamento só faz crescer a probabilidade de sermos rejeitados.

- Que contribuição alguém trará e que benefício a empresa obterá se um líder estiver pessoalmente empenhado em ser aceito? Quando uma pessoa quer ouvir apenas o que a faz se sentir bem, que tipo de contato com a realidade ela terá na hora de tomar decisões?
- Quando não queremos arriscar uma postura sincera, optando pela popularidade em vez disso, nossas conversas ficam artificiais e a realidade se esconde. Nas empresas, essa relutância é uma das principais razões de projetos "idiotas" não serem abortados logo no início ou com a freqüência que mereceriam.
- A maioria das pessoas acha que, quando alguém tem problemas com o ego, trata-se de excesso. Mas buscar aceitação pode ser um sinal de que temos um ego *pequeno demais*, o que é igualmente ineficaz.
- Quando outras pessoas ocupam o banco do motorista de nossa autoconfiança, pautamos nossos pensamentos e ações pelo que acreditamos que será aprovado por elas; tornamo-nos bajuladores e não revelamos o que vai em nossa mente. As pessoas então recebem boas idéias de nós – mas não nossas melhores idéias.

7
Humildade

> A verdadeira humildade é um amor-próprio inteligente que nos impede de pensar demasiadamente bem ou mal de nós mesmos. Ela nos deixa mais modestos quando nos lembra quanto ficamos distantes daquilo que podíamos ter alcançado.
>
> RALPH SOCKMAN

No primeiro capítulo dissemos que, devido ao impacto econômico do ego, a primeira prioridade do mundo dos negócios é controlar sua força. Se a obtenção desse controle é nossa meta principal, então a humildade é a primeira regra para consegui-lo. Cada um de nós tem um *continuum* de ego. Em uma das extremidades fica o ego pequeno demais; na outra, o excessivo. A humildade é o ponto de equilíbrio entre esses dois extremos. Três propriedades exclusivas da humildade nos mantêm em equilíbrio:

1. primeiro nós, depois eu (dedicação ao progresso)
2. sou brilhante e não sou (dualidade)
3. mais uma coisa (descontentamento construtivo)

Quando essas três propriedades governam o ego, obtemos os resultados positivos que ele não consegue nos fornecer sozinho.

Para compreender como isso funciona, vamos investigar o que a humildade é, o que ela não é e como age.

Como mencionamos antes, havia um certo número de perguntas que nossa investigação sobre a humildade e o ego buscava responder: O que há no ego que faz com que líderes levem suas organizações a alcançar bons resultados, mas que, sem a humildade, nunca lhes permite chegar à excelência? Por que tudo indica que o ego é algo que precisamos ter se quisermos ser bem-sucedidos, mas o fato de tê-lo freqüentemente interfere no sucesso que buscamos? Há hábitos que podemos adotar para controlar o poder do ego? Será que ele deveria ser controlado, para começo de conversa? Se a humildade é tão poderosa e imprescindível para uma liderança de Nível 5, por que mais pessoas não a possuem? Podemos aprender a ser humilde? Se o ego e a humildade não podem coexistir, qual deles precisa ceder e que mudanças são necessárias? Nossa experiência mostra que as pessoas estão famintas por essas respostas. 83% de nossos entrevistados disseram desejar que suas organizações fossem mais humildes.

No entanto, apesar desse desejo, a humildade tem uma aura de mistério que é ao mesmo tempo atraente e perturbadora. Tradicionalmente, a humildade - ou ser humilde - é algo que se conhece mais pelo que não é do que pelo que é; as definições de *humilde* incluem "não arrogante nem orgulhoso", "não elevado na hierarquia" e "não presunçoso". A maioria das palavras associadas à humildade não é mais específica ou mais sedutora. Entre termos atraentes como, por exemplo, *modesto, bem-educado, respeitoso, paciente* e *despretensioso*, a palavra humildade aparece cercada por definições negativas e perturbadoras: *sem iniciativa, receoso, cauteloso, medroso, hesitante, comum, quieto, constrangido, dócil, simples, submisso, afável, tímido* e *sem ambição*, entre outras – palavras que não deixam exatamente uma impressão favorável.

Em nossos seminários, sempre fazemos uma pergunta que revela o que muitas pessoas pensam realmente sobre a humildade: se duas pessoas estivessem num debate ou numa competição e uma fosse egocêntrica e a outra humilde, quem venceria? A maioria das pessoas responde: "A egocêntrica." Por quê? Porque, embora a humildade seja um traço admirável, há uma desconfiança em relação às suas fraquezas: quem quer ter alguma coisa a ver com a humildade se ela é incompatível com a vitória? No início, nós mesmos tínhamos dificuldade em dar conta dessa questão. Em um ambiente de negócios implacavelmente competitivo, onde somos pagos para, de maneira agressiva, diminuir a participação de nossos concorrentes no mercado, aumentar a receita e o lucro e comparar e classificar pessoas em função de um suprimento limitado de recompensas, onde é que a humildade se encaixa?

Se a humildade nos coloca em situação de risco, não é surpreendente que achemos que ela seja mais adequada a uma igreja do que a uma corporação. Sem surpresa alguma, não encontramos muitas pessoas em nossos cursos de liderança – pelo menos no início – conscientemente interessadas em cultivar a humildade. Nas aulas, quando começamos a falar sobre a humildade, algumas vezes as pessoas cruzam seus braços e nos encaram como se quisessem dizer: "Vamos lá, tente me convencer." Afinal de contas, o mundo dos negócios não tem nada a ver com esforços altruísticos e, à primeira vista, a humildade parece ser altruística. Em um de nossos seminários, um líder empresarial levantou a mão e disse: "Durante toda a minha vida, fui ensinado a seguir o ego. Meus pais sempre incutiram isso em mim. Aprendi – com praticamente todo mundo que conheço – que é assim que uma pessoa alcança o sucesso, lidera e derrota seus concorrentes."

"Então por que desistir dele?", alguém perguntou. "Você é jovem, dirige sua própria empresa, é financeiramente bem-sucedido. O que lhe ensinaram parece ter funcionado para você." Depois de um longo silêncio, o diretor executivo respondeu: "Porque, depois de passar as últimas três horas sentado aqui, percebi que estou fora de sintonia com meu ego. Minha memória está relembrando diferentes situações que eu vivi e me angustia perceber quantas oportunidades ele me custou. Apesar do que já alcancei, meu ego me prejudicou tanto quanto me ajudou. Na realidade, acho que, em alguns aspectos, fui meu próprio concorrente, um concorrente terrível, por causa da minha falta de humildade." O que ele percebeu é que, apesar do seu sucesso, o ego o estava controlando, e não o inverso. Isso o impedia de utilizar todo o seu potencial. A humildade poderia lhe trazer o equilíbrio que faltava.

O equilíbrio da humildade

O que significa humildade? A citação que abre este capítulo é a definição mais precisa, mas com uma pequena modificação: **a humildade é o amor-próprio inteligente que nos impede de achar que somos demasiadamente bons ou ruins. Ela nos lembra a distância que já percorremos e, ao mesmo tempo, nos ajuda a ver como ainda estamos longe daquilo que podemos vir a ser**. Com essa definição em mente, vamos agora examinar a relação entre ego e humildade. Para a maioria das pessoas, a tradição sustenta que ser humilde é o oposto de ter um ego excessivo, quando, na verdade, ter um ego pequeno demais é tão perigoso e improdutivo quanto tê-lo exageradamente grande.

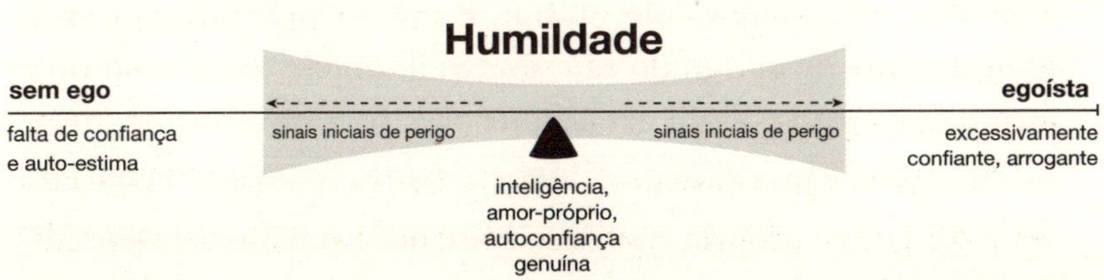

Uma vez que as três propriedades da humildade só existem em equilíbrio, quando estamos no centro nossos talentos podem ser exercidos na plenitude. Mas, como temos uma tendência natural para nos afastar do ponto de equilíbrio, quando nos movemos para a direita ou para a esquerda, começamos a perder a humildade. Em conseqüência disso, nossas qualidades se tornam contrafações – isto é, defeitos sutis. Imagine que o espectro do ego seja magnético e que a força de atração mais forte venha das duas extremidades. No centro, a atração magnética que cada um dos lados exerce pouco nos afeta. Porém, quanto mais nos aproximamos dos extremos, mais essa força nos puxa e, conseqüentemente, mais difícil se torna voltar ao ponto de equilíbrio. Quanto mais tempo passamos fora do centro, mais acostumados ficamos. Se não recuarmos rapidamente, a probabilidade de desenvolvermos hábitos egocêntricos crescerá.

O ego não nos puxa para os extremos de modo repentino, não nos transforma em egomaníacos da noite para o dia nem nos leva a acreditar que estamos acima da lei. Mas, uma vez habituados a ficar fora do centro, começamos pouco a pouco a acreditar que estamos acima de certas coisas: repreensões, erros, questionamentos, necessidade de provar que estamos certos, possibilidade de ter uma idéia ruim, submissão à liderança de outra pessoa, etc. Estar consistentemente fora do centro nos leva aos poucos em direção a um dos extremos.

Quando toda uma cultura ou equipe está fora do centro, isso raramente é provocado por um único indivíduo, mas o desequilíbrio não começa sem a permissão de pelo menos uma pessoa e a constante concordância das outras. É por isso que os quatro primeiros sinais de perigo do ego são tão importantes: eles nos avisam que estamos sendo arrastados para fora do centro e, dessa forma, perdendo relevância. Quer estejamos constantemente fora do centro, quer apenas momentaneamente, a força do ego é tão grande que apenas a humildade consegue nos puxar de volta.

Em nossos estudos sobre a relação entre o ego e a humildade, se destaca a idéia de "terminalmente único". **Quando nos vemos como terminalmente únicos, julgamos estar exclusivamente qualificados para agir como agimos - que não seríamos tão bem-sucedidos se, afinal, nossos comportamentos ou atitudes fossem destrutivos.** Tal crença nos cega para o que se passa conosco e ao nosso redor. Em decorrência disso, podemos não piorar, mas não melhoramos também. Ao nos afastarmos da humildade, o ego nos transmite a enganosa mensagem de que estamos prontos. A humildade nos lembra que nunca estaremos. É possível manter uma consciência constante de que nunca estamos prontos e, portanto, sempre podemos melhorar. Basta abraçar as três propriedades exclusivas da humildade:

1. primeiro nós, depois eu (dedicação ao progresso)
2. sou brilhante e não sou (dualidade)
3. mais uma coisa (descontentamento construtivo)

O nível mais profundo da humildade é a interseção dessas três propriedades. Como "primeiro nós, depois eu" estabelece a intenção básica de tudo o que fazemos na egonomia, vamos examiná-la primeiro.

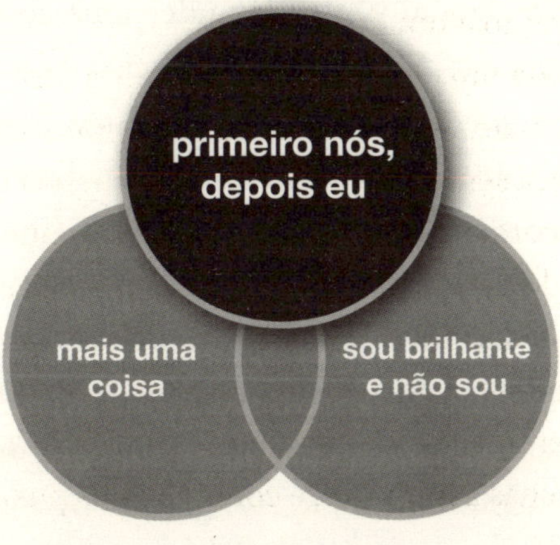

1. Primeiro nós, depois eu (dedicação ao progresso)

A principal ambição da humildade é uma notável dedicação ao progresso. Nos negócios, essa devoção se transfere para o progresso de nossa empresa: o projeto em que estamos trabalhando, o cliente diante de nós, o mercado a que servimos e assim por diante. Isso requer um foco seqüencial: a empresa em primeiro lugar, eu em segundo. A dedicação ao progresso não exclui nossas necessidades pessoais, ela apenas prioriza o foco.

À primeira vista, essa dedicação pode parecer uma idéia boa mas ingênua – ingênua porque, de acordo com a maioria, não é assim que fazemos negócios hoje em dia.

Em uma pesquisa de opinião da Rutgers em parceria com a Universidade de Connecticut, constatou-se que, para 58% dos trabalhadores, a maioria dos executivos que estão no topo põe seus próprios interesses à frente dos da empresa e, na percepção de 67% deles, o sucesso da companhia não é um valor fundamental para seus chefes.

A única maneira realista de mudar esses números é acreditar que, se priorizarmos as necessidades da empresa, traremos benefícios tanto para ela quanto para nós mesmos.

E, antes que alguém venha defender uma abordagem puramente desinteressada dos negócios, é preciso fazer uma pergunta irônica: o que é que eu vou ganhar com isso? **A verdade é que, quanto menos colocarmos nossas necessidades em *primeiro lugar*, mais chances elas terão de ser atendidas**. Convém examinar essa idéia.

Imagine por um momento que você é um vendedor da IBM (ou de qualquer empresa). Numa cultura de alta performance, a pressão está sempre presente. Como qualquer vendedor, você tem uma cota mensal a atingir. Atingi-la pode significar muitas coisas: comissão, promoção, reputação, a mensalidade da faculdade, um casamento, as prestações da casa, sua aposentadoria, etc. Com toda essa pressão, você precisa fazer uma apresentação para fechar uma proposta de milhões. Se você entrar nessa reunião e começar a falar tendo em mente *suas* necessidades primeiro – atingir a cota e receber a comissão –, a probabilidade de concretizar a venda será maior ou menor? A resposta é: menor. Mas por quê?

Assim que os clientes percebem uma intenção de "primeiro eu" da sua parte, isso macula a interação nos dois lados. Você ficará sujeito a supervalorizar certas características do produto, fornecer explicações técnicas na correria, confundir compreensão com concordância e entusiasmo, ignorar objeções ou se mostrar ansioso demais para fechar o negócio.

Quando os clientes percebem sua intenção, eles passam a desconfiar do que você diz, a policiar o que dizem e a lhe negar acesso a informações ou pessoas, algo que em outras circunstâncias lhe dariam. Assim, a confiança deles em você diminui, você perde a venda e sua empresa perde a receita. Na verdade, talvez você tenha mesmo um produto melhor que o de seus concorrentes, e nesse caso o cliente perde o benefício financeiro de obter a melhor solução. Todos perdem.

Em vendas, quanto maior for a importância de atingir a *sua meta*, mais necessário será esquecê-la e se concentrar em ajudar seus clientes a atingir a meta *deles*. Ou seja, quanto maior for a importância do progresso para você e sua empresa, maior será a necessidade de desviar o foco para o progresso de seus clientes.

A ironia está no fato de que, quando se ignoram momentaneamente as necessidades próprias, obtêm-se mais condições de atender às prioridades dos clientes e, assim, de alavancar o progresso da empresa e o de seus funcionários.

Quando ganhar significa perder

A mesma seqüência de necessidades em que nos concentramos se aplica quer trabalhemos para atender clientes externos ou internos. Se o progresso for realmente nossa motivação básica, não permitiremos que o entusiasmo e o comprometimento pessoal com um projeto ou uma idéia se percam numa visão de "primeiro eu, depois a empresa". Isso não quer dizer que não devamos lutar ferozmente pelas necessidades de nossa equipe, e sim que devemos nos guiar por aquilo que é melhor para o negócio como um todo e não apenas para nosso próprio quintal. Veja o e-mail do gerente geral de uma grande empresa para sua equipe de líderes:

> ASSUNTO: Material de reflexão
>
> Enquanto o processo de planejamento para [nome do produto] se desenrola, tenho ouvido certos comentários e notado alguns comportamentos que podem vir a ser destrutivos para nossas metas a longo prazo. De modo geral, todos estão sentindo o aperto decorrente da realidade de nosso orçamento, mas a maioria também vem tentando obter para seu próprio grupo uma fatia maior do trabalho que precisamos realizar. Às vezes essa pressão é feita através de e-mails, outras vezes ocorre no planejamento das reuniões e ocasionalmente por meio de protótipos, etc. Cheguei à conclusão de que, de alguma forma, criei um ambiente onde as pessoas acreditam que se comprometer com prazos e metas inviáveis é a maneira certa de obter mais recursos.
>
> Criar protótipos e sonhar são atividades que precisamos incentivar, e não quero que ninguém interprete minha manifestação como algo contrário a isso. No entanto, como líderes, espero que vocês orientem suas equipes em todas as negociações necessárias para se fazer a transição de protótipo ou sonho para projeto aprovado. Em alguns momentos surgirá mais de uma idéia boa na mesma

área e seremos obrigados a fazer uma escolha. Em outros, até mesmo uma excelente idéia não vingará, por exigir um redesenho excessivo de outros projetos para que possa ser encaixada. Quase sempre, será cobrado de vocês que produzam mais com menos. No fim, *teremos que fazer o que é melhor para o negócio, mesmo que os sonhos individuais de algumas de nossas melhores pessoas não possam ser acomodados.*

Espero ouvir, de cada um de vocês, declarações como esta: "Fazer X é mais importante do que Y. Embora eu seja responsável por Y, acho que deveríamos cortá-lo e transferir os recursos para X." Infelizmente, hoje é maior a probabilidade de ouvir o seguinte: "Compreendo Y melhor do que qualquer outra pessoa... Y talvez não seja a coisa mais importante que podemos fazer, mas, como é bem legal e vai motivar minha equipe, vou brigar por ele."

Todos temos trabalho a fazer. Obrigado.

Que mensagem ele está tentando transmitir? A de que o negócio é mais importante.

Vá em frente, seja um sobrevivente

Mas vamos supor que a empresa desse gerente estivesse em situação desesperadora, com severos cortes de pessoal no horizonte. Será que seu pedido, o de que o negócio seja posto em primeiro lugar, é irrealista para pessoas que estão competindo por um número limitado de vagas? Deveriam elas ignorar o e-mail e adotar a linha "que vença o melhor"? Embora esta seja uma reação típica, seria justamente a resposta errada. Em épocas de bonança, uma empresa precisa da contribuição de seus funcionários, que, por sua vez, querem manter seus empregos. Mas será que a empresa ou os funcionários precisam mudar em meio à tempestade? A resposta é não.

As necessidades de *ambos* aumentam quando os tempos estão difíceis: as empresas precisam que seus colaboradores se empenhem mais e eles necessitam de mais segurança em seus empregos. **Se a abordagem "primeiro nós, depois eu" é eficaz em épocas de bonança, não é menos eficaz nos momentos de crise.** A ironia de uma mentalidade "que vença o melhor" está no fato de que, quando a pressão pela sobrevivência aumenta, cresce também a tentação de abandonar a humildade e adotar uma atitude "primeiro eu, depois nós": passamos a ser mais defensivos em relação a nossas idéias, a tratar colegas como concorrentes, a gastar tempo exibindo nossa superioridade para mostrar quanto somos imprescindíveis, a cortejar a aceitação dos que podem nos enviar para a fila do seguro-desemprego. Quando o ego assume o controle, nosso desempenho piora. Por definição, esta piora nos coloca mais perto da porta de saída. Quando o ego minimiza nossas qualidades, não somos julgados por aquilo que somos capazes de dar quando estamos em nossa melhor forma, mas por aquilo com que as contrafações produzidas pelo ego nos permitem contribuir. Quanto mais nos concentrarmos em nossa sobrevivência, menor será a probabilidade de sobrevivermos. A estratégia "primeiro nós, depois eu" é a mais direta e estimulante para a sobrevivência – em ambos os lados da equação.

Uma equipe de pesquisadores liderada pela psicóloga comportamental Linnda Caporael decidiu perguntar: Será que as pessoas cooperariam se não recebessem incentivo nenhum? A resposta foi: "Oh, sim, nas condições adequadas." Os participantes muitas vezes citaram "a prosperidade do grupo" como motivação. Para os economistas, isso foi uma surpresa. Porém não provoca espanto algum em qualquer pessoa que tenha feito parte de uma equipe bem-sucedida. O chefe que pressupõe que os interesses de seus funcionários são puramente mercenários acabará tendo um grupo de mercenários.

A economia de "primeiro nós, depois eu"

É importante lembrar que a dedicação ao progresso obedece a uma realidade econômica: como a empresa está investindo para obter retorno e convivendo com riscos, suas necessidades são planejadas de acordo com isso. Por exemplo, se um funcionário comete um erro que gera custos à empresa, a empresa absorve esses custos; eles não saem diretamente do bolso do funcionário. Como conseqüência, o negócio está em primeiro lugar. No entanto, mesmo com esta realidade, não faz sentido uma empresa demonstrar interesse apenas por seu progresso e ignorar as necessidades de seus funcionários.

Para um funcionário, priorizar o próprio progresso e ignorar o da empresa é igualmente ineficaz. Companhia alguma deveria viciar a balança para que marque 90/10 a favor de suas necessidades, e seus colaboradores individuais deveriam ter a clareza de saber que o equilíbrio também não será de 50/50. Quando um dos lados calcula equivocadamente essa proporção, eles avaliam mal as conseqüências disso para toda uma cultura. As pessoas se retraem se percebem uma disparidade injusta, e a dedicação ao progresso desaparece em favor de "fazer seu trabalho" e receber um contracheque.

A dedicação ao progresso não significa que você possa *sempre* atender às necessidades de todo mundo, mas você pode diligentemente levá-las em conta antes de tomar uma decisão. Essas considerações serão subjetivas e somente você poderá determinar o que as motivou.

A seqüência de focos que estamos sugerindo não elimina o egoísmo nem garante a abnegação de ambos os lados, mas ela pelo menos propicia a oportunidade de alcançar o equilíbrio correto entre "nós" e "eu".

2. Sou brilhante e não sou (dualidade)

Por causa da autoconfiança genuína que a humildade produz, podemos ser ousados e dóceis ao mesmo tempo. Conseguimos nos sentir igualmente à vontade tanto defendendo um argumento com paixão quanto ouvindo de alguém a idéia oposta. A humildade pode seguir a liderança de outra pessoa num momento e, com a mesma facilidade, liderar no momento seguinte.

Essa dualidade é a segunda propriedade exclusiva da humildade. Ela funde traços que pareceriam conflitantes, complementando qualidades para que não se tornem unidimensionais. Por exemplo, entusiasmo intenso e determinação extrema, à primeira vista, parecem incompatíveis com brandura e flexibilidade, o que é uma falsa dicotomia.

Muitos líderes acreditam que alguns de seus traços sejam incompatíveis com os que gostariam de adquirir. Em um seminário sobre poder e liderança, o Dr. Roderick Kramer, da Universidade de Stanford, perguntou que características de liderança os participantes desejariam ter em maior quantidade. "Apesar de seu sucesso", disse Kramer, "esses líderes achavam que ainda eram excessivamente simpáticos e preocupados com o que seus funcionários pensavam." Ou seja, queriam ser mais durões. Um executivo disse: "Eu adoraria olhar de cima os oponentes." Quando não percebemos a dualidade, acreditamos que é isto ou aquilo – ou somos durões (e olhamos as pessoas de cima) ou somos simpáticos (e moles demais).

Contudo, a humildade não é uma dicotomia, mas uma dualidade capaz de afirmar que sou uma determinada coisa e que não sou nada – ao mesmo tempo. Sou realizado e, ao mesmo tempo, inacabado; talentoso e mediano; especial e não melhor do que os demais; extraordinário e comum; popular e desconhecido; digno de respeito e igual a todos os outros. "O teste definitivo de uma inteligência de primeira classe", disse F. Scott Fitzgerald, "é ser capaz de manter duas idéias opostas na mente ao mesmo tempo e, ainda assim, continuar funcionando."

Quando abraçamos a natureza confiante e dual da humildade, os primeiros sinais de perigo do ego são eliminados. A comparação perde força porque, embora possamos nos esforçar para ser mais importantes, não nos iludimos achando que podemos ser tudo. A busca por aceitação fica desconfortável ao lado da humildade porque nos sentimos bem tanto sendo amados quanto sendo antipatizados. O exibicionismo não pode ocupar os pensamentos de quem reconhece seu brilho e ao mesmo tempo sabe que não é a única pessoa brilhante no planeta, ou mesmo naquela sala. O defensivismo não consegue afetar nosso estilo de administração quando estamos dispostos a admitir que, mesmo acertando muitas vezes, freqüentemente erramos também.

A dualidade não apaga a identidade. Ela simplesmente equilibra e intensifica os traços que já temos. Não exige que sejamos o que não somos. **A humildade não é o arquiteto das personalidades simples, é o engenheiro das mais fortes.**

Qual é a cor da humildade?

Em 14 de fevereiro de 1986, o Dr. Taylor Hartman, que escreveu o livro *O código das cores*, sobre traços e características da personalidade, quase foi impedido de terminar seu trabalho. Voltando para casa de carro de um jantar com sua mulher, Jean, no Dia dos Namorados, eles se viram envolvidos numa colisão frontal. Como conseqüência da batida, Hartman teve uma severa perda de memória. Além de não conseguir lembrar quem eram seus pacientes, viu-se privado temporariamente da própria identidade, o que o fez se sentir um estranho diante de sua mulher e sua família. "Pela primeira vez na minha vida", disse Hartman, "soube como é invejável ser alguém – me sentir verdadeiramente único e estar vivo. Eu precisava desesperadamente recuperar meu senso de identidade. Sentia-me angustiado e perdido sem a minha personalidade." Com o passar do tempo, ele recuperou sua personalidade, sua memória e sua identidade. Durante sua recuperação, começou a apreciar com mais intensidade as diferenças nas personalidades de seus familiares e amigos, porque cada um deles acrescentava perspectivas e benefícios exclusivos à sua vida.

O seu sofrimento e subseqüente retorno à saúde reativaram o compromisso de Hartman com seu trabalho sobre a teoria da personalidade. Foi um estudo pioneiro. Sua pesquisa não apenas sugere que nós nascemos com um determinado tipo de personalidade tão exclusivo e genético quanto uma impressão digital, mas afirma também que ela é a motivação básica que impulsiona nossas atitudes. E, embora os comportamentos típicos associados a cada tipo de personalidade possam mudar de dimensão, quem somos e nossa motivação básica não mudam nunca. "A sua personalidade fica de olho em você como um pai ou uma mãe", diz Hartman. "Sem traços de personalidade bem marcados para indicar nossos caminhos pela vida, ficaríamos perdidos." Ele chama as suas quatro categorias da personalidade de vermelho, azul, amarelo e branco. O quadro abaixo mostra as motivações básicas e fornece breves descrições para cada uma delas.

Vermelho – poder Valoriza a produtividade, quer ser respeitado	**Azul – intimidade** Valoriza os relacionamentos, quer ser bom
Amarelo – diversão Valoriza o engajamento total na vida, quer parecer bom	**Branco – paz** Valoriza a independência, quer se sentir bem e ser respeitado

Se você pudesse votar, qual personalidade teria, em sua opinião, mais facilidade para ser humilde? Quando fazemos essa pergunta em nossos cursos de liderança, a cor branca é sempre a mais votada. A seguir vem o azul. O amarelo raramente é mencionado e o vermelho é totalmente excluído. Após a votação, permanecemos sentados em silêncio e, passados alguns segundos, começa o debate entre os participantes. Por fim, o grupo acaba gravitando para o consenso geral: "Nenhum tipo demonstra ter mais inclinação para a humildade." Eles estão certos. Na nossa experiência, vemos que há pouca ou nenhuma correlação entre tipo de personalidade e capacidade para a humildade. A dualidade não tem nada a ver com o azul mudar sua personalidade para virar branco, o amarelo se tornar azul ou o vermelho perder a cor. Humildade não é sinônimo de homogeneidade.

Se algo pode ser dito a esse respeito, é que os primeiros sinais de perigo costumam se vincular a tipos específicos de personalidade: o exibicionismo aos vermelhos, o defensivismo aos azuis, a comparação aos amarelos e a busca de aceitação aos brancos. No entanto, quando se trata do desenvolvimento da humildade, o caminho não é fácil para ninguém. A dualidade não exige que abandonemos quem somos, mas que nos adaptemos.

Em busca do equilíbrio

Sem sacrificar nossa personalidade, a dualidade propicia a coexistência de traços "opostos". É por isso que precisamos da dualidade: ela nos liberta de um desenvolvimento unilateral das nossas aptidões. Ao coexistirem, nossos talentos se mantêm fiéis à forma: não usamos nenhum traço de modo excessivo ou insuficiente.

qualidades	equilíbrio da dualidade
ambicioso	abnegado
definido	mente aberta
carismático	realista
competitivo	colaborador
decidido	receptivo
determinado	flexível
franco	diplomático
destemido	prudente
independente	agregador
apaixonado	tranqüilo
motivado	paciente

Se um traço exclui o outro, ele se torna mais fraco. Por exemplo, vejamos os dois primeiros traços listados no quadro acima:

ambicioso e *abnegado*. Se confiamos demais na ambição em um debate, nós excluímos outras idéias ou pessoas para defender nosso ponto de vista. Usamos palavras grandiloqüentes como "sempre", "nunca", "todo mundo" ou "ninguém" para transmitir a essência de nosso argumento, que desse modo envia uma mensagem para nossos colegas: este é um comunicado, não é um diálogo. Por outro lado, se nos apoiamos demais na abnegação, escolhemos as palavras com tanto cuidado, preocupados em não ofender ninguém, que nossas idéias acabam atropeladas no processo. Nosso entusiasmo se perde na boa educação e a autoconfiança cede lugar à deferência e à cortesia.

Negócio inacabado

Como somos todos seres inacabados e nos falta, pelo menos, um dos traços do equilíbrio, todos temos trabalho a fazer. Para alguns, pode se tratar de uma pequena reforma; para outros, talvez se pareça mais com uma completa demolição. Qualquer que seja o caso, a extensão da tarefa a ser executada dependerá do papel que permitirmos que a dualidade desempenhe. "Muitos dos livros mais convencionais sobre liderança descrevem os líderes como figuras míticas e heróicas", diz o Dr. Kramer, da Universidade de Stanford. "Os estudantes querem líderes perfeitos, sem nenhum defeito. O que eles não conseguem perceber é que, às vezes, as mesmas características que tornam alguém imperfeito são responsáveis por sua enorme tenacidade para alcançar o sucesso e pela energia que o faz se concentrar em um pequeno nicho de realização. Steve Jobs é um ótimo exemplo. Ele é um gênio criativo, mas tem uma surpreendente capacidade para afastar algumas pessoas e desligá-las de sua organização."

Mas o que é que existe no gênio criativo que aliena pessoas e as afasta? O problema não é o gênio criativo, mas aquilo que falta a ele. No início da sua carreira, Jobs era descrito como alguém que liderava "pela força da personalidade, fazendo inúmeros inimigos com sua mania de ridicularizar as idéias dos outros, sua má vontade em ouvir opiniões diferentes das suas e seus acessos de mau humor". Mas por que insistir que Jobs deveria incorporar traços como inclusividade e respeito à sua genialidade se ele criou a Apple na garagem de seus pais e, 10 anos depois, antes mesmo de completar 30 anos de idade, a tinha transformado numa organização de US$ 2 bilhões? Por que o "equilíbrio" teria alguma importância? Porque o que ele tinha conseguido até então era apenas uma pequena parte do que ele era capaz de realizar. Quando ficamos demasiadamente limitados em nosso desenvolvimento de traços, limitamos também nossas realizações. No final, a humildade reservava para Jobs uma lição que equilibraria seu gênio criativo e, como conseqüência, ampliaria as suas conquistas. Em seu discurso na cerimônia de formatura da turma de 2005 da Universidade de Stanford, ele relatou a lição que tinha aprendido sobre a humildade:

> *E então fui despedido [da Apple em 1985]. Como pode alguém ser despedido da empresa que ele mesmo fundou? Bem, enquanto a Apple crescia, contratamos alguém que eu considerava muito talentoso para dirigir a empresa comigo e, no primeiro ano, as coisas correram bem. Mas então nossas visões de futuro começaram a divergir e, por fim, tivemos um desentendimento. Quando isso aconteceu, o conselho de diretores ficou do lado dele. E assim, aos 30 anos, eu estava fora. E muito publicamente fora. O que tinha sido o foco de toda a minha vida adulta estava acabado, e aquilo foi devastador. Eu realmente não sabia o que fazer nos primeiros meses. Achava que tinha decepcionado a geração anterior de empreendedores – que tinha deixado o bastão cair enquanto ele me era entregue. Eu me encontrei com David Packard [co-fundador da Hewlett-Packard] e Bob Noyce [co-fundador da Fairchild Semiconductor e da Intel e conhecido como Prefeito do Vale*

do Silício] e tentei pedir desculpas por ter fracassado de forma tão grosseira. Eu era um fracasso público, e até pensei em fugir do vale.

Afastado da Apple, Jobs começou sua próxima aventura, uma empresa de computação apropriadamente chamada NeXT. Porém a NeXT não teve o mesmo sucesso da Apple. Sete anos depois, Jobs fechou a fábrica, demitiu metade dos funcionários e desviou o foco da empresa para o desenvolvimento de programas de computador. Até 1995, a NeXT não deu lucro. Em dezembro daquele mesmo ano, a Apple comprou a empresa por US$ 400 milhões. No mesmo ano em que começou a NeXT, Jobs comprou de um magnata do cinema, George Lucas, a Pixar, um estúdio de animação digital que passava por dificuldades. A história da Pixar foi um pouco mais promissora: em 1988, ganhou um Oscar por um desenho animado digital chamado *Tin Toy*; em 1991, fechou um contrato com a Disney para produzir três desenhos animados e começou a trabalhar no arrasa-quarteirão *Toy Story*.

No entanto, nenhum desses acontecimentos representa a parte mais interessante da história de Jobs. Em 1997, sua nomeação para diretor executivo "interino" da Apple, que estava quase em queda livre, talvez tenha passado uma impressão de déjà vu. Mas uma das suas primeiras medidas foi abandonar o sistema operacional que ele tinha desenvolvido na NeXT e que a Apple comprara dois anos antes. Essa decisão não combinava com o Steve Jobs de antigamente. "A cada ano que passava, ele ficava mais suave e amadurecido", disse Susan Kelly Barnes, ex-diretora financeira da NeXT. Ela não foi a única pessoa a notar mudanças em Jobs. Uma biografia escrita por Kirk Beetz revela o que só pode ser descrito como a metamorfose de Steve Jobs:

Embora ainda estivesse certo de que a sua visão para a Apple era a única correta, o estilo de administração de Jobs tinha mudado radicalmente se comparado ao de 1985; ele aparentava estar mais relaxa-

do e aberto a idéias. Na realidade, parecia mesmo apreciar as idéias dos outros; talvez seu trabalho na Pixar tivesse melhorado sua capacidade para trabalhar com o pessoal criativo da Apple. Sabiamente, cercou-se de executivos excelentes em todas as posições-chave da corporação e os manteve junto de si, em vez de afastá-los. Quase que pela força exclusiva do desejo, transformou a cultura da empresa em uma na qual os funcionários tinham vontade de ir para o trabalho e se viam como parte de uma grande companhia, cuja missão era mudar o mundo para melhor. Além de tudo, Jobs, o velho diletante, trouxe de volta o que havia de divertido em brincar com eletrônica.

A ironia da dualidade está no fato de que, quando reconhecemos que somos inacabados, nos tornamos mais fortes. Jobs parece concordar. "Tenho quase que certeza absoluta de que nada disso [NeXT, Pixar, seu retorno à Apple, o iPod e o iTunes] teria acontecido se eu não tivesse sido despedido da Apple", ele disse. "Aquele foi um remédio com um gosto horrível, mas acho que o paciente precisava dele."

A dualidade é a admissão de que somos bem informados *e* ignorantes, fortes *e* fracos, capacitados *e* ao mesmo tempo incompletos, e de que podemos estar certos *e* errados. Vamos agora retornar a alguns daqueles traços menos atraentes que mencionamos antes e que cercam a palavra humildade: *submisso, obediente, discreto, simples, cauteloso, comedido, retraído e apático*. Por causa da dualidade, a maioria desses traços ganha aspectos fortes quando não estão isolados. Às vezes é preciso ter mais força interior para ser submisso do que para ser independente. A dualidade existe em todas essas características – brandura e ousadia, modéstia e genialidade, insegurança e autoconfiança. Como propriedade exclusiva da humildade, a dualidade nos dá a apropriada sensação de sermos inacabados e, assim, nos conduz à porta da última propriedade da humildade: mais uma coisa (descontentamento construtivo).

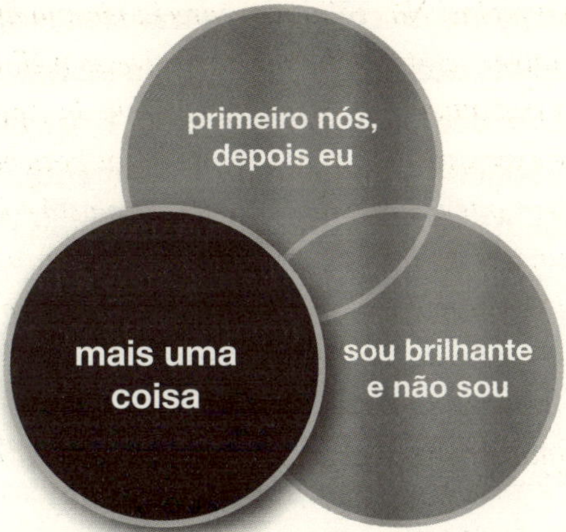

3. Mais uma coisa (descontentamento construtivo)

Além de "primeiro nós, depois eu" (dedicação ao progresso) e "sou brilhante e não sou" (dualidade), a humildade possui mais uma propriedade exclusiva, que é "mais uma coisa" (descontentamento construtivo). Bono e Larry Mullen, membros da banda U2, personificam a essência de "mais uma coisa". Como cantor da banda U2, Bono ganhou 14 Grammys e produziu 15 discos que venderam 130 milhões de cópias. Quando lhe perguntaram qual era a sua melhor canção ou o seu disco favorito, ele respondeu: "Ainda não a compusemos nem o gravamos." Larry Mullen, um dos fundadores e baterista do U2, acrescentou: "Estamos constantemente insatisfeitos como banda. Recebemos todos esses prêmios, mas talvez não os merecêssemos. Existem contemporâneos que trabalharam tanto quanto nós e não fizeram tanto sucesso. Nos sentimos desconfortáveis com isso; sentimos necessidade de provar nosso valor a nós mesmos." Esta busca da perfeição e de provar o próprio valor a si mesmo é o poder de "mais uma coisa".

O descontentamento construtivo trabalha lado a lado com a humildade na dedicação ao progresso. Na realidade, a humildade é inteiramente dedicada ao progresso. E, quando se trata de progresso, a Toyota é um modelo de descontentamento construtivo. Ou melhor, não é "a Toyota", mas as pessoas da Toyota, que, no momento, estão a caminho de transformar a empresa na maior fabricante de automóveis do mundo. Num artigo para a revista *Fast Company* sobre a insatisfação da Toyota com a satisfação, Charles Fishman fala sobre uma recente melhoria obtida no processo de pintura dos carros na fábrica em Georgetown, Kentucky. Embora o processo anterior não estivesse abaixo dos padrões da concorrência, ainda não era perfeito. Essa imperfeição era incentivo suficiente.

Fishman prossegue descrevendo como eles melhoraram o processo de pintura: bocais, cartuchos de tinta, mudanças de jatos de tinta, etc. "Os carros agora ficam oito horas na pintura em vez de 10", diz Fishman. "A oficina de pintura agora tem 25% a menos de carros do que costumava ter. Desperdício de tinta? Praticamente zero. O que costumava gastar 100 galões agora gasta 70." No entanto, os detalhes específicos da melhoria não são realmente a questão. "[A melhoria] está enraizada na obsessão institucional por aperfeiçoamento que a Toyota consegue inculcar em cada um de seus funcionários, uma generalizada falta de complacência com o que quer que tenha sido realizado ontem. O interessante é comparar o modo como eles pensam o trabalho em Georgetown com os de outros lugares. Por que será que o serviço de atendimento ao cliente da sua empresa de telefonia celular não melhora nunca, ano após ano? Por que será que meu computador fica mais difícil de ser usado após cada atualização dos programas? É quase como se o pessoal da Toyota enxergasse o mundo com óculos especiais de quatro dimensões, enquanto o restante de nós continua usando os de 2-D."

Quando motivados pelo descontentamento construtivo, não ficamos procurando um destino final e achando que estamos "prontos". Em vez disso, valorizamos o movimento ao longo do caminho tanto quanto, ou mais do que, o resultado. "Todos nós estamos incrivelmente orgulhosos daquilo que realizamos", disse Chad Buckner, um dos gerentes da divisão de pintura da Toyota. "Mas não é possível parar. Não há por que estar satisfeito." Seu colega John Shook acrescentou: "Após perceber que é o processo em si que interessa – que você não está procurando um patamar para se estabelecer lá –, é possível relaxar. Realizar a tarefa e realizá-la cada vez melhor se tornam o único e mesmo objetivo." O que a Toyota percebeu é a diferença entre ter apenas um processo para *kaizen* (palavra japonesa para "aperfeiçoamento") e ter uma cultura com uma atitude *kaizen*.

A história da Toyota é um bom exemplo de pequenas mudanças feitas dentro de uma máquina corporativa muito grande. Mudanças importantes nem sempre são uma visão que baixa sobre nós, nos toma e nos galvaniza. Se você olhar apenas o aperfeiçoamento no processo de pintura como um instantâneo fotográfico, ele não lhe pareceria revolucionário. Mas são as pequenas mudanças e melhorias acumuladas ao longo do tempo que fazem a diferença. Isso não significa que o descontentamento construtivo esteja relacionado somente a pequenas e quase imperceptíveis diferenças. Às vezes, as mudanças *significam* revoluções, mas quase sempre não. Além disso, o fato de as mudanças serem grandes ou pequenas não é o que importa – o que importa é a atitude e a tenacidade com que se analisam oportunidades e se busca a mudança. Para examinar o porquê disso, vamos voltar momentaneamente ao trabalho de Jim Collins em *Empresas feitas para vencer*.

Havia, na pesquisa de Collins, algo que era diferente de tudo em nosso estudo sobre os últimos 50 anos de literatura sobre administração. O trabalho dele não era uma investigação sobre empresas que tinham sido ótimas desde o dia em que nasceram. Era um estudo sobre a transformação: décadas de bom desempenho marcadas por um período de transição para excelente. Nessa transição, a maioria das empresas não foi forçada a fazer mudanças por qualquer problema urgente.

Não foram as condições do mercado que transformaram essas empresas; na realidade, Collins estipulou critérios para se assegurar de que o mercado não fora o "culpado" por elas terem dado um salto de qualidade. Cada empresa moveu a si mesma. Em essência, essas culturas pareciam dependentes da humildade por *desejarem* mudar, e não porque precisassem fazer isso – ou seja, por causa do descontentamento construtivo. Até certo ponto, a declaração de Andrew Grove, co-fundador da Intel, de que "só os paranóicos sobrevivem" é uma versão extrema dessa mesma teoria. Uma percepção aguda dos primeiros sinais de perigo é fundamental porque são esses sinais que nos permitem saber que o progresso empacou. Na busca do progresso, o descontentamento construtivo nos faz ficar menos confortáveis onde estamos e menos resistentes às mudanças.

Quando avaliamos cuidadosamente as tarefas exigidas para essa mudança, vemos com mais clareza o motivo de a humildade surgir com tanta proeminência. Collins observou primeiro o que ele veio a chamar de estratégia do "primeiro quem, depois o quê". Isso significa que as empresas precisavam colocar as "pessoas certas no ônibus" e retirar as pessoas erradas antes mesmo de decidirem o que iriam ser ou fazer como organização. Após os assentos no ônibus estarem ocupados, cada empresa precisava descobrir o que *poderia* fazer melhor no mundo, independentemente do que estivesse fazendo naquele momento ou da área em que desejasse ser a melhor. No entanto, não era a "empresa" que precisava fazer essas descobertas. Eram as pessoas; eram os líderes. Ou seja, seres humanos precisam distinguir entre aquilo em que *gostariam* de ser os melhores do mundo e aquilo em que realmente *poderiam* ser os melhores do mundo – uma diferença fundamental, mas não facilmente reconhecida quando o ego é excessivo ou escasso. Em sua busca de excelência, todas as tarefas diante desses líderes exigiam uma excepcional capacidade de diálogo.

A força motriz da humildade

Como mencionamos antes, a egonomia é um estudo de grandes momentos, não de grandes líderes. No entanto, com o passar do tempo, os momentos cruciais produzem em nós reflexos que podem nos manter mais perto do centro de equilíbrio da humildade ou nos empurrar para longe dele. Entre as entrevistas que realizamos para o estudo da egonomia, um dos mais incríveis conjuntos de reflexos que observamos foi o de Jim Thyen.

Thyen é presidente da Kimball International, uma empresa que fabrica móveis e artigos eletrônicos e que vale US$ 1,2 bilhão. Dada nossa ênfase na performance econômica e no papel que o ego desempenha, algumas pessoas podem se surpreender por estarmos escrevendo sobre uma empresa cujas vendas se mantêm estáveis há cinco anos. Para o observador externo, a Kimball certamente não parece se qualificar como uma empresa que passou de boa a excelente. Mas os números nem sempre revelam a história por trás deles. Em geral, a transformação para a excelência é relatada no fim da jornada, quando os resultados extraordinários enaltecem as virtudes da empresa e o charme de uma meta alcançada oculta o trabalho e o suor despendidos para chegar lá. Esta é uma história de suor.

A Kimball International começou a fabricar móveis para ambientes comerciais em 1949. A partir daí, se expandiu e se diversificou. Móveis para televisão na década de 1950, pianos na de 1960 (em seu auge, a Kimball produzia cerca de 250 pianos e 150 órgãos por dia), móveis para escritório na década de 1970 e para residências e hospitais, além de artigos eletrônicos, na de 1980 – tudo isso impulsionou o crescimento da empresa para o patamar de US$ 1,2 bilhão e cerca de 9 mil funcionários em 2000. Incluída pela primeira vez na lista da *Fortune 500* em 1988, a Kimball emplacou duas vezes a relação de "Empresas Mais Admiradas nos EUA".

Isso, porém, estava prestes a mudar.

O desempenho consistente da KimbalI por décadas fez com que todos se sentissem confortáveis com o negócio. Nos bons tempos, a empresa adotou a estratégia do "por que não?". Ela se expandiu horizontal e verticalmente, continuou a investir em pianos simplesmente porque aquela era a sua herança e entrou em novos mercados num momento em que as exigências dos clientes estavam mudando rapidamente. Apesar das transformações, o pessoal da Kimball dizia a si mesmo que era capaz de tudo. Mas, enquanto faziam de tudo, a diversificação ia mascarando as rápidas mudanças que estavam a caminho. Os mercados iam se tornando instáveis, os efeitos de uma recessão começaram a ser sentidos e se intensificaram depois de 11 de setembro de 2001. Em decorrência disso, a receita obtida em certas unidades da empresa caiu de repente. O mercado total da Kimball encolheu de US$ 12 bilhões para US$ 8 bilhões.

Com o passar dos anos, a Kimball foi aos poucos se isolando do mundo lá fora. "Não percebíamos que a temperatura da 'água na panela' estava subindo um grau de cada vez", disse Thyen. "Nossos escritórios centrais estavam localizados numa comunidade onde a maioria das pessoas compartilhava experiências e opiniões semelhantes. Por exemplo, a autoconfiança estava enraizada na cultura da empresa e era naturalmente acompanhada de um forte sentimento de orgulho que, gradativamente, levava a

Kimball ao isolamento. As semelhanças entre nossas visões empresariais eram tão fortes que as mudanças no mercado não acionavam sinais de alerta em nossas mentes. Eu temia que estivéssemos caminhando em direção à escorregadia descida da arrogância. Achávamos que o mundo deveria vir até nós."

Enquanto a Kimball esperava pelo mundo, o mundo se mexia. A globalização e a internet mudaram o relacionamento entre clientes e fabricantes. Decifrar as expectativas dos clientes deixara de ser algo simples. Como ocorrera com muitas empresas, o poder aquisitivo no varejo tinha se deslocado maciçamente para mulheres bem informadas, de gosto sofisticado. A consumidora típica tinha dezenas de opções, sabia o que queria, quando queria e quanto estava disposta a pagar. O valor da marca se deslocou do produto para a experiência.

Enquanto isso, o mercado fornecedor de móveis residenciais e hospitalares se mudava em massa para outros países, o mercado consumidor de móveis para televisão encolhia rapidamente e o de móveis de madeira maciça se deslocava do plano doméstico para o internacional. Horizontalmente, os segmentos de mercado se tornavam mais concentrados e exigentes. Verticalmente, evoluíam de acordo com ritmos e exigências diferentes. Diante de todas essas mudanças, a Kimball tentava atender às novas exigências com um único modelo empresarial, o que gerava conflitos de desempenho e demanda de capital.

Em meio a todas as transformações, Thyen foi convidado a assumir a presidência da empresa, a primeira pessoa de fora do clã familiar a assumir o leme da Kimball International em 45 anos. Antes de aceitar o cargo, Thyen conversou separadamente com cada membro da diretoria. Como a empresa era administrada e controlada por uma família, Thyen sabia que os próximos 45 anos seriam muito diferentes dos 45 anteriores – dependendo do que os Habig decidissem fazer. Com o foco no futuro, fez uma pergunta fundamental e estratégica: "O bom Deus parece estar me instigando a fazer uma pergunta essencial antes de eu decidir se aceito seu convite para ser presidente. Ela é a seguinte: vamos dirigir essa empresa para a família ou para nossos clientes?"

Como se pode imaginar, a reação foi de surpresa. Mas Thyen confiava em seus colegas e sabia que a questão seria encarada como algo a ser debatido e não como a manifestação de um herege. Nossa experiência como consultores ensina que líderes medianos não fazem perguntas desse gênero (descontentamento construtivo) com muita freqüência, e jamais quando a pergunta pode pôr em risco uma promoção. Ocorre que Thyen não é um líder típico. "Por que você está nos perguntando isso?", replicou um membro do conselho. "Sempre dirigimos nosso negócio pensando nos clientes."

Se essa era a resposta, então Thyen queria saber exatamente quem eram esses clientes, o que sentiam e o que desejavam. "Não podíamos mais esperar que o mundo continuasse vindo até nós", ele disse. "Precisávamos ser humildes e sair em busca do mundo." Como estava determinado a reger seu mandato como presidente pelos princípios que norteavam a empresa, nos 18 meses seguintes ele viajou mundo afora para conversar pessoalmente com clientes, funcionários e fornecedores.

Como diretor da Kimball há muitos anos, Thyen conhecia os números da empresa de cor. O que não sabia era o que os clientes realmente sentiam. "A realidade brutal era que nosso modelo de negócio estava morrendo", afirmou ele. Só que o fato de estar "morrendo" não era visível para todos. Apesar de o mercado estar enviando sinais de alerta, o desempenho ainda era bom *o suficiente* na Kimball: a empresa era lucrativa, não tinha dívidas, continuava com um fluxo de caixa sólido e ainda era dominante no mercado de produtos eletrônicos para automóveis.

Após cada ida ao mercado, onde ouvia diretamente os clientes, Thyen relatava o que tinha descoberto e o que, em sua opinião, colocaria a empresa no rumo certo outra vez. Isso significava mudanças – na realidade, mudanças drásticas para alguns membros da família que ocupavam posições-chave. Em resposta às mudanças propostas por Thyen, um deles disse: "Acho que esse é o rumo certo para a empresa, mas não quero participar da empreitada. Não estou disposto a investir toda essa energia. Vamos encontrar uma maneira de me deslocar para outro cargo e achar alguém que possa fazer o que precisa ser feito."

Foi um compromisso extraordinário com "primeiro nós, depois eu", feito de maneira corajosa e sincera por alguém que tinha ajudado a tornar a Kimball o que ela era – alguém que tinha todas as condições de se opor às mudanças propostas. Thyen sentiu uma profunda admiração por aquela atitude. "Você pode imaginar o que é ficar sentado e ouvir quais mudanças precisam ser feitas", disse ele, "e não encarar isso como um ataque pessoal ao seu legado? Afinal de contas, a família tinha dirigido a empresa por cerca de 50 anos."

No entanto, como qualquer tentativa real de mudança, aquela precisava começar pelo topo. Thyen assumiu o cargo e se esforçou para se manter dentro da faixa de equilíbrio da humildade. Com plena convicção de que poderia fazer o que fosse necessário, reconheceu, no espírito da dualidade, que era "parte do problema". Em suas palavras: "Assumi o cargo, mas com alguma apreensão e insegurança. O ego nos municia de um conjunto de filtros que nem mesmo sabemos que temos, e eu não sabia quais eram os meus." Romper com a tradição não foi fácil, principalmente para ele. "Quando outros diretores executivos são chamados para ajudar a mudar uma empresa, eles freqüentemente vêm de fora", disse Thyen. "Precisam fazer malas, esvaziar o armário e cruzar o país. Não tive essa oportunidade. Estou aqui desde 1966. Todos me conhecem."

Ao assumir o cargo de presidente, Thyen exigiu duas coisas de seus colegas: 1) não achar que sabiam o que ele estava pensando nem o que ele iria dizer; e 2) ajuda para efetuar as mudanças. Devotado ao progresso da organização em primeiro lugar, e não à sua imagem como presidente, ele foi sincero e constantemente transparente em conversa após conversa, reunião após reunião. "Vocês me conhecem. Provavelmente sabem o que vou fazer ou dizer antes de mim", admitiu. "Mas, se assumir este cargo, precisarei mudar. Não sou perfeito. Vou tropeçar e vou precisar da ajuda de vocês. Nós moramos na mesma cidade, passeamos pelas mesmas ruas e fazemos compras nas mesmas lojas há 30 anos. Precisamos respeitar o passado. Mas não podemos nos dar ao luxo de permanecer amarrados a ele ou por ele."

Em nome da diversidade, a composição do conselho de diretores precisaria sofrer ajustes: era demasiadamente homogênea. A diretoria tinha sido dominada por proprietários, controladores e administradores. "Apenas um era independente", disse Thyen, "mas, para ser sincero, nunca realmente o trouxemos para *dentro* da diretoria." Além disso, não havia mulheres no time gerencial. Isso precisava mudar. "Precisávamos de pessoas que pudessem complementar o talento que tínhamos mas que não soubessem terminar nossas frases por nós", prosseguiu ele. "Precisávamos de membros do conselho com habilidades voltadas para o futuro da empresa, e não para o seu passado."

Nos anos seguintes, a Kimball encheu sua diretoria com um grupo de talentos diversos, executivos seniores e diretores executivos oriundos de empresas como FedEx, Cummins Engine, Quaker Oats e Pepsi, entre outras. Outra mudança exigia que alguns membros da família, que até então faziam parte do conselho, concordassem em abrir mão de seus cargos e assumir posições diferentes. Eles foram convidados a fazer parte de comitês e a contribuir com informações que somente alguém com seu histórico poderia fornecer, mas, ao mesmo tempo, tiveram que concordar em não votar; eles "preservariam a história e o legado, sem sacrificar o futuro por estarem amarrados a ele". Trabalhariam como voluntários e não receberiam salários, revelando assim sua própria humildade e a profunda dedicação ao progresso da empresa em primeiro lugar, e a eles mesmos em segundo. Enquanto essas difíceis mudanças estavam sendo implementadas, ninguém brigou – mas houve discussões sérias. Com a humildade, você fica menos propenso a transformar um conflito em disputa pessoal ou a achar que você é o alvo. De tempos em tempos, a animosidade mostrava sua cara, mas a humildade impedia que se instalasse.

Com uma diretoria diversificada e comprometida com a ação, a Kimball fez mudanças constantes e corajosas ao longo do tempo. Em 2001, a empresa tinha 9 mil funcionários, a maioria nos Estados Unidos. Atualmente, tem 8.200 funcionários, mas menos da metade em solo americano. Os executivos da Kimball tiveram de administrar a empresa com humildade em vez de arrogância para que a transição fosse bem-sucedida. "Se um gerente não sabe o primeiro nome de seus funcionários e alguns detalhes sobre suas famílias", Thyen disse, "isso é um indício de que está muito afastado de seus comandados. Nós incentivamos nossos gerentes a realmente conhecer sua equipe. Não usamos 'senhor' e 'senhora' aqui. Num verdadeiro esforço de transformação, você não pode se dar ao luxo de ter essa formalidade, porque ela cria um distanciamento muito grande." Uma regra não escrita na Kimball é a de que, se os funcionários precisam de um intermediário, isto é, de alguém que os represente junto à administração, isso significa que a gerência não está fazendo o trabalho dela.

Tal filosofia contribui para o diálogo entre os colaboradores e a administração. Não houve ações judiciais nem campanhas lideradas por sindicatos durante o processo de desativação de 16 fábricas em cidades pequenas, de saída de nove mercados e de demissão de aproximadamente 5 mil funcionários. Por mais difíceis que fossem essas demissões e a subseqüente reestruturação, até mesmo aqueles que não mais trabalhavam para a Kimball a recomendavam para outras pessoas, e a maioria elogiava a empresa. No exterior, a Kimball saiu da França e da Áustria, mas manteve intacta sua reputação com os governos desses países. Durante o processo, nenhum cliente a dispensou. A empresa se deslocou para outros países: abriu fábricas na Polônia, na China e na Tailândia e aumentou sua presença no México.

Enquanto isso, numa tentativa de não abandonar à própria sorte qualquer comunidade de onde precisariam sair, os executivos da empresa mantinham reuniões com as autoridades locais. Em um dos casos, visando diversificar a base econômica da cidade, eles se comprometeram a ajudar financeiramente o desenvolvimento de um conselho econômico. O objetivo era ajudar a restaurar os níveis de emprego e a receita obtida com os impostos que a Kimball tinha recolhido ao longo dos anos, aumentando as oportunidades de emprego e a renda per capita. Até aí, isso pode não soar tão extraordinário, mas tal contribuição financeira foi feita com a condição de que a cidade desse incentivos aos concorrentes da Kimball. Essa estratégia nos pegou de surpresa durante nossa entrevista. Quando lhe perguntamos o motivo de tal exigência, Thyen usou uma analogia. "Nós fizemos isso", ele disse, "porque a comunidade precisava (eles dependiam demais de nós) e nós precisávamos também (a concorrência nos deixa mais fortes). No basquete, você não melhora competindo com seu irmão menor. Você só melhora quando compete com os mais fortes, e nós precisávamos de concorrentes mais fortes." A humildade não teme a competição.

Durante essas transições maciças e aceleradas, a Kimball permaneceu lucrativa. Nos últimos três anos com Thyen como presidente, ela não só se manteve viva como entrou nos trilhos outra vez. Seu saldo de caixa é o mais alto da sua história e ela não tem dívidas. A Kimball saiu de quase 12 negócios, de 16 cidades e dois países sem jamais perder a lucratividade. No momento está produzindo um crescimento orgânico em seu negócio de móveis, numa taxa quase duas vezes maior que a média desse mercado. A Kimball International prevê chegar a um valor de US$ 2 bilhões nos próximos três anos, com aquisições na área eletrônica que lhe acrescentarão mais US$ 250 milhões.

De acordo com Thyen, a recuperação não se deve exclusivamente a ele. "Não sou o único responsável por nosso sucesso", ele afirmou. "Nunca fui. Todos merecem crédito pelo que realizamos e pelo que ainda precisamos realizar. Eu também não sou 'líder' só porque agora sou o presidente. Sou também um seguidor. Somos todos seguidores. Somos seguidores desde o momento em que nascemos. É preciso humildade para liderar, mas ela também é necessária quando se é liderado. Os líderes precisam de seguidores – não existe líder sem seguidor. E, ao liderar, é preciso contratar pessoas que tenham pontos de vista e experiências diferentes – um grupo a seu redor para mantê-lo humilde. Porque, na liderança, é muito fácil se tornar egocêntrico."

Perguntamos aos gerentes da Kimball o que eles achavam de Thyen. As observações sobre sua liderança foram tão fortes quanto tinham sido as nossas próprias impressões. O que nos impressionou igualmente foi a harmonia entre esses gerentes e os valores da Kimball, que eles ajudaram a criar juntamente com Thyen e a família Habig. A melhor descrição de seu estilo de liderança é a que sua esposa, Pat, lhe fez antes de ele aceitar o cargo. "No fim das contas", ela disse, "você é apenas uma voz e uma memória. Use bem a sua voz para conseguir criar a memória correta." A Kimball International não é perfeita, mas, apesar de suas imperfeições, seu material humano é um exemplo do que é possível alcançar quando líderes e seguidores se comprometem de forma igualitária com o progresso e o perseguem com humildade.

Mas como podemos aplicar as três propriedades da humildade aos debates do dia-a-dia de forma que a pressão exercida por esses debates faça uma empresa progredir, em vez de deixá-la em ponto morto ou levá-la a recuar cinco passos? No próximo capítulo, entraremos decididamente no terreno dessa aplicação, prestando especial atenção em dois elementos essenciais: 1) a *intensidade* do debate; e 2) a *intenção* que o motiva. Examinaremos como a intensidade e a intenção trabalham juntas.

7. Humildade

pontos básicos

- Existe em cada um de nós uma linha contínua de ego. Em uma das extremidades dessa linha temos o ego pequeno demais; na outra, o ego excessivo. A humildade é o ponto que mantém o equilíbrio entre os dois extremos.
- A humildade é o amor-próprio inteligente, que nos impede de pensar bem demais ou mal demais de nós mesmos. Ela nos torna humildes ao nos lembrar o quanto já realizamos e o tanto que nos resta fazer para atingirmos a plenitude daquilo que podemos ser.
- Para a maioria das pessoas, ser humilde é o oposto de ter um ego muito grande. Na realidade, o ego pequeno demais é tão perigoso e improdutivo quanto o ego excessivo.
- As três propriedades da humildade existem apenas no equilíbrio. Quando estamos no centro da linha do ego, nossos talentos se mantêm íntegros e damos nossas melhores contribuições. Mas, como temos uma tendência natural a nos afastarmos do ponto de equilíbrio, começamos a perder o poder da humildade quando nos movemos para a direita ou para a esquerda. Em decorrência disso, nossas qualidades se transformam em fraquezas disfarçadas de qualidades.
- Quanto mais perto chegarmos dos extremos da linha do ego, mais difícil será o retorno ao centro de equilíbrio. Quanto mais tempo permanecermos longe do centro, mais acostumados ficaremos com essa posição. Se não nos recuperarmos rapidamente, provavelmente desenvolveremos um reflexo individualista em nossa forma de trabalhar.
- Quando a humildade não controla o poder do ego, a comparação, o defensivismo, a exibição de superioridade e a

busca por aceitação nos levam a um estado de satisfação – com a sensação de que estamos prontos, de que não precisamos melhorar. Enquanto o ego se esforça para nos dizer que estamos prontos, a humildade nos lembra que jamais estaremos. A constatação de que somos inacabados é proporcionada pelas três propriedades exclusivas da humildade: 1) primeiro nós, depois eu (dedicação ao progresso), 2) sou brilhante e não sou (dualidade) e 3) mais uma coisa (descontentamento construtivo). A humildade é a interseção das três propriedades.

8
Humildade, parte II: intensidade e intenção

O que o olho é para o corpo a intenção é para a alma.

JOHN WESLEY

Como a humildade tem a imerecida reputação de ser silenciosa, as pessoas a confundem com harmonia eterna. Mas a harmonia raramente chega sem que haja um pouco de turbulência antes. "Se uma pessoa não considera as alternativas, isso significa que ela tem a mente fechada. Acima de tudo, isso explica por que bons tomadores de decisões desconsideram deliberadamente a principal recomendação dos livros que discorrem sobre como tomar decisões e, em vez de consenso, criam discórdias e divergências", disse Peter Drucker. "Decisões como as que um executivo precisa tomar não são boas quando vêm por aclamação. Boas decisões são conseqüência de choques de visões conflitantes, de diálogo entre pontos de vista divergentes e escolha entre opiniões diferentes. Uma decisão não deve ser tomada sem que haja uma voz discordante."

O progresso é conseqüência da intensidade. Então, se não conseguirmos lidar com ela, não obteremos a diversidade de pensamento. As pesquisas mostram que, quando a diversidade diminui, as probabilidades de sucesso diminuem também.

Se, equivocadamente, rotulamos a intensidade de egocêntrica, trocamos o progresso por conversas suaves e um consenso imediato. A nossa intenção molda a intensidade do debate e a humildade molda a nossa intenção. Ao debater, a humildade produz uma autoconfiança genuína que nos impede de confundir nossa identidade com nossas idéias. A clara distinção entre as duas nos permite elevar o nível de intensidade na troca de idéias sem cruzar a linha que as separa, o que acionaria os primeiros sinais de perigo. Em outras palavras, a humildade faz com que a intensidade se torne construtiva, e não destrutiva.

Antes de tudo, vamos esclarecer o que queremos dizer com *intensidade*. "Você precisa de executivos que discutam e debatam – às vezes *violentamente* – na busca das melhores respostas", disse Jim Collins. As palavras que Collins e Drucker usam são escolhas interessantes para a descrição do que é necessário ocorrer para que boas decisões sejam tomadas: *choque, conflito, divergência e discordância.*

Tudo bem, mas... violentamente?

Quando foi a última vez que algum de nós leu um livro sobre comunicação cuja frase inicial fosse "Abraçar a violência é a primeira regra da comunicação eficaz"? Se existe um lugar para a violência na comunicação, então o debate eficaz depende de a qual tipo de violência você se refere. Quando pensamos nessa palavra, as primeiras associações que nos vêm à mente são *agressão, briga, hostilidade; brutal, cruel* e *malévolo* – termos que decididamente não facilitam a troca de idéias. Os piores desses traços fazem com que muitas pessoas evitem totalmente os debates por causa da ressaca emocional que eles deixam.

Por exemplo, um cliente nos contou uma história sobre uma amiga que foi nomeada líder de negociação em uma disputa trabalhista com líderes sindicais na Califórnia. Assim que a negociação começou, ela percebeu claramente que a sua contraparte seria seu oponente. A abordagem dele era agressiva; ele a interrompia a toda hora, fazia exigências irracionais e ataques pessoais. Ela tentou resistir à tentação de se engalfinhar com ele e permaneceu comprometida com o debate das questões e com a compreensão do ponto de vista dele. Mas não foi fácil. Os primeiros 15 minutos lhe pareceram horas, os 15 minutos seguintes foram ainda piores e se fizeram seguir de outros 15 em que não se via o menor sinal de trégua.

Por fim, percebendo que seus ataques não iam dar em nada, seu oponente deu um murro na mesa e perguntou: "O que você está querendo?" Minha amiga então lhe perguntou: "O que você quer dizer com 'O que eu estou querendo'?" "Bem", ele disse, "você não vai revidar?" "Não, não vou. Antes de começarmos, jurei a mim mesma que compreenderia o seu ponto de vista", ela respondeu. "Estou tentando fazer o melhor que posso, embora isso esteja difícil por causa de algumas coisas que você está dizendo." "Bem", ele respondeu, já mais calmo, "acho então que precisaremos conversar." Este é o ponto – conversar.

Conversas "violentas"

Ao entabular uma conversa – em especial, uma discussão intensa – não a personalize nem a leve para o lado emocional. Uma vez alguém disse: "Tola é a pessoa que se ofende quando não houve a intenção de ofendê-la. Mais tola ainda é a pessoa que se ofende quando *houve* a intenção de ofendê-la." Na busca do debate intenso, precisamos ser o oposto de violentos – por exemplo, serenos, delicados e tranqüilos –, mas essas qualidades são em si mesmas insuficientes no momento de produzir um debate *para valer*. Ao investigarmos mais profundamente o sentido de *violência*, encontramos um segundo conjunto de palavras que descreve sua modalidade produtiva: *veemente, entusiasmado, firme, pode-*

roso, *forte* e *intenso*. Para distinguir esses dois tipos de violência, chamaremos a boa violência de *vigorosa* – como em "debate vigoroso". Nem *todos* os debates precisam ser assim, mas, quando necessário, as palavras que acabamos de mencionar deveriam caracterizá-los. Os debates vigorosos exigem um grande investimento de humildade para manter a intensidade produtiva, evitar que o vigor se transforme em violência e, quando necessário, nos impedir de sermos seduzidos por uma troca de palavras delicadas mas sem sentido, que dão *prosseguimento* às discussões, mas não as fazem *avançar*.

Quando ser delicado não é bom

Se você não está acostumado, é fácil confundir um debate vigoroso com animosidade. Enquanto mediávamos uma discussão com a equipe de desenvolvimento de um produto, uma pessoa interrompeu a reunião abruptamente. "Tempo", pediu, apontando para dois de seus colegas. "Vocês dois gostam um do outro?" Ambos ficaram surpresos porque eram colaboradores bem-sucedidos e amigos havia anos. Por curiosidade, nós lhe perguntamos por que fizera aquela pergunta. "Porque", ele disse, virando-se novamente para os dois, "vocês contestam qualquer idéia que o outro apresenta. Dão uma opinião e, no momento seguinte, voltam atrás e discordam da exata opinião que acabaram de manifestar. Isso não é nem um pouco produtivo." Ele então pediu um intervalo, dizendo: "Preciso dar um tempo em toda essa intensidade."

Após a reunião, ele mudou sua opinião sobre o que dissera: o debate *tinha sido* produtivo. Revendo a reunião, percebemos quanto a reação dele faria sentido se levássemos em conta a cultura de onde ele tinha vindo, antes de começar a trabalhar com essa equipe. Divergência e deslealdade eram sinônimos. Cargo significava autoridade e sabedoria. Ele tinha se acostumado a uma cultura de segurança onde o silêncio era confundido com aprovação. Em nome de uma mal definida humildade, muitos trocam o debate por aquilo que vêem como harmonia. Ao observarmos pessoas tentando discutir, vemos que elas acabam gastando energia em rapapés diplomáticos ou mesuras políticas, perdendo assim argumentos válidos em nome da delicadeza.

Em muitas empresas, o pêndulo do argumento se desloca para um lado (violência) ou para o outro (delicadeza) – ambos trocam a diversidade intelectual por discordâncias isoladoras e egocêntricas ou pela concordância tranqüila e pseudo-harmoniosa. Não estamos recomendando menos civilidade ou menos compreensão. Estamos incentivando o tipo certo de discussão. A boa vontade e a habilidade para escutar têm seu lugar, que é fundamental. No entanto, o progresso exige mais do que disposição para escutar. Exige que, com entusiasmo, nos forcemos a investigar todos os ângulos, indo a extremos intelectuais que testem nossas suposições, antes de tomarmos uma decisão.

Veja o exemplo de Alfred Sloan, presidente da General Motors entre 1937 e 1956. Em uma reunião, ele expôs suas idéias a seus principais executivos. Em seguida perguntou o que eles achavam delas. Todos balançaram a cabeça em concordância. Então, em resposta ao que considerava ser uma concordância precoce, ele disse: "Bem, para que tenhamos tempo de desenvolver opiniões divergentes e quem sabe chegar a alguma compreensão sobre o que essa decisão implica, proponho adiar o aprofundamento da discussão dessa matéria até a nossa próxima reunião."

Para evitar que um debate vigoroso se torne violento é preciso compreender 1) como a intensidade funciona e 2) como ela é controlada pela humildade – em nós mesmos e nos outros.

Na batida do coração

Quando nos sentimos ameaçados, nossa reação se torna fisiológica no curto intervalo entre duas batidas normais do nosso coração. O Dr. John Gottman chama esse aumento de emoção de "excitação fisiológica difusa"; para o Dr. Daniel Goleman, trata-se de um "gatilho neural". Qualquer que seja o nome que lhe é atribuído, o que acontece é o seguinte: começamos a secretar adrenalina e essa substância faz com que nosso pulso fique acelerado (até 30 batimentos a mais por minuto). O coração se contrai com mais força, as artérias se comprimem, o sangue é levado da periferia para o centro do nosso corpo, o bombeamento de sangue para o intestino e os rins é interrompido, a transpiração aumenta.

Nada disso seria um problema se estivéssemos tentando fugir de um predador. Mas não estamos; estamos no meio de uma conversa. Contudo, não é isso que nosso cérebro está nos dizendo.

Quando nos encontramos nesse estado de excitação fisiológica difusa por dentro – e externamente agimos como se não estivéssemos –, acontecem em nosso cérebro coisas que criam uma "visão de túnel" e nos impedem de ouvir tudo aquilo que está sendo dito. Esta não é uma mera surdez no sentido figurado; em seu auge, a excitação fisiológica difusa literalmente bloqueia nossa audição. Nesse momento, por mais que desejássemos que não fosse assim, não conseguimos pensar de forma tão clara quanto normalmente pensamos. Por exemplo, você já esteve no meio de uma discussão e, muito depois, talvez a caminho de casa, lhe ocorreu a resposta perfeita para algo que alguém tinha dito? Isso acontece porque você teve a oportunidade de se acalmar e seu cérebro voltou a funcionar direito. Mas em momentos de enfrentamento ou fuga não conseguimos pensar bem. A pesquisa do Dr. Gottman confirma essa teoria.

Um de seus experimentos envolvia a observação de casais enquanto discutiam. Quando a intensidade empurrava um deles para esse estado de excitação fisiológica, Gottman entrava na sala e lhes dizia que o gravador tinha quebrado. Pedia-lhes então que suspendessem a discussão por alguns minutos enquanto o equipamento era consertado. Não havia nada realmente errado com o gravador; como pesquisadores, o que ele e a sua equipe queriam era ver o que aconteceria se o casal tivesse a oportunidade de se "acalmar". Assim que as taxas de batimento cardíaco baixavam e se aproximavam das que se observam em situação de repouso, Gottman entrava de novo na sala, dizia que o gravador tinha sido "consertado" e que eles podiam retomar a discussão do ponto onde tinham parado. O resultado?

Em suas palavras: "Era como se o casal tivesse feito um transplante de cérebro." O tom das conversas mudava. Os dois se tornavam mais autênticos e menos cheios de defesas – deixavam de encarar os conflitos como pessoais e de tomar como ofensa tudo o que era dito. Ficavam mais abertos e, portanto, racionais e equilibrados. O casal continuava discutindo, mas a discussão não era mais afetada pela excitação fisiológica difusa.

Os primeiros sinais de perigo do ego em uma discussão indicam que estamos num estado de excitação fisiológica difusa. Por ironia, quando sentimos que estamos sob ataque e precisamos nos defender, a excitação fisiológica difusa pouco faz para nos manter "seguros". Isso exige a pergunta: o que a comparação, a busca por aceitação, a exibição de superioridade e o defensivismo tentam proteger? A resposta está dentro de cada um de nós.

A usina geradora

Temos, dentro de cada um de nós, aquilo que chamamos de "usina geradora". Ela representa, entre outras coisas, nossa identidade – ou seja, quem somos. Literalmente, *ego* significa "eu" – pelo menos o "eu" que sabemos existir. Quando percebemos que nossa identidade está sendo atacada, a intensidade da nossa reação para proteger "quem somos" aumenta. Veja a figura abaixo. Em geral, sentimos necessidade de nos proteger de maneira mais intensa quando somos desafiados nas seguintes áreas (indo de fora do círculo em direção ao centro):

Idéias

- **execução:** desafios às táticas ou aos detalhes de como julgamos que deveríamos executar nossas estratégias.
- **estratégias:** desafios ao que achamos que deveríamos fazer – nossos planos baseados em nossos pontos de vista.
- **pontos de vista:** desafios ao que acreditamos ser verdadeiro ou falso, certo ou errado, bom ou mau, etc. Nossos

pontos de vista decorrem de nossas sínteses de informação, tanto em uma dada situação como no decorrer do tempo. Essas sínteses nos conduzem às nossas próprias suposições, que podem se traduzir em diferenças de opinião sobre o significado de dados, a relevância de uma idéia ou o significado ou o resultado de uma situação.

Identidade

- **valores:** desafios aos valores que consideramos importantes, tais como justiça, respeito, integridade, honestidade, bondade e lealdade.
- **personalidade:** desafios ao que acreditamos ser – pessoal e profissionalmente. Um desafio pode ser qualquer coisa, de uma percepção errônea (tal como "Se você é *apenas* um gerente de projeto, por que precisa estar envolvido numa discussão sobre estratégia?") a um total, ainda que não declarado, preconceito (baseado em raça, religião, gênero, idade, aparência, credenciais, etc.).

Para ilustrar como nossas reações internas são desencadeadas numa conversa, veja como uma típica usina geradora funciona.

Aviso: não entre

Há uma usina geradora de energia perto do nosso local de trabalho. Ela é como todos os outros prédios, hidrantes e caixas coletoras do correio que fazem parte do cenário de nosso dia-a-dia: a maior parte do tempo, passa despercebida. Um dia, ela chamou nossa atenção e, por curiosidade, decidimos vê-la de perto. Ao nos aproximarmos do portão, logo vimos que aquela seria uma visita cheia de restrições, como indicavam as trancas pesadas, a cerca com dois metros e meio de altura e arame farpado no topo e uma dúzia de sinais de "Perigo – alta voltagem". Ao caminharmos em direção à cerca, o zumbido constante dos cerca de 69 mil volts que passavam pelas linhas e transformadores era inconfundível.

Esse zumbido significava energia suficiente para iluminar toda a cidade. Em casa, nossas famílias a estavam utilizando para jogar videogames, cozinhar, lavar, ouvir música e assistir à televisão. Nos escritórios, as pessoas a utilizavam para fazer funcionar aparelhos de ar condicionado, lâmpadas, computadores, impressoras e telefones. A um quarteirão de distância dela, não havia cercas, sinais de perigo nem portões trancados; a intensidade da corrente elétrica era baixa e perfeitamente utilizável. Mas, a dois metros dela, éramos alertados: mantenham distância. A diferença estava na pura intensidade da energia elétrica e na forma como ela era controlada.

Caminhando ao redor da cerca, ficamos mais do que felizes em manter distância. Há uma certa medida de respeito (e medo) associada ao poder da eletricidade – para nós, pelo menos. No entanto, a energia elétrica é na verdade extremamente previsível – *se* você compreende como ela funciona. Quando se violam os princípios que a regem, ela passa rapidamente de produtiva a fatal. O perigo está na nossa falta de conhecimento sobre como a eletricidade é controlada, não na energia em si. Entretanto, o reconhecimento do potencial da energia – tanto para o bem quanto para o mal – aumenta nosso respeito por ela.

Nossa identidade funciona como uma usina geradora de energia; ela energiza tudo aquilo que dizemos, pensamos e fazemos. Quando confundimos desafios às nossas idéias com desafios à nossa identidade, os primeiros sinais de perigo surgem como uma forma de dizer "Mantenha distância". Assim como a eletricidade, a energia da nossa identidade pode ser também muito previsível, *se* soubermos como funciona e como controlá-la.

Ao controlar essa energia, nossa reação é determinada pela percepção daquilo que acreditamos estar sendo questionado ou ameaçado. **A cola que une nossa *identidade* e nossas *idéias* é, às vezes, tão espessa que não distinguimos as duas nem conseguimos separá-las com facilidade quando questionamentos ou aparentes ameaças se apresentam.** Mas por que é tão difícil separar as duas e enxergar outro ponto de vista, especialmente quando ele representa absolutamente o oposto do nosso? Ninguém melhor para responder a essa pergunta do que um profissional de direito que atua em julgamentos e que debate pontos de vista opostos todos os dias. Consultamos Gerry Spence, um dos mais ilustres advogados dos Estados Unidos. "Todos nós temos uma imagem pessoal que precisamos preservar", ele disse. "Por exemplo, não quero ser visto pelos outros, e em especial por mim mesmo, como fraco, mal informado, irrelevante, burro, alguém que não consegue impor respeito. Farei o que for necessário para preservar a imagem pessoal que tenho de mim mesmo. Quanto mais frágil for essa imagem, mais lutarei para preservá-la."

Se não conseguimos distinguir quem somos daquilo que fazemos, daquilo que temos ou de com quem o fazemos, não enxergamos além de nossos títulos ou cargos em uma discussão. Se dizemos, para nós mesmos ou para os outros, "Eu sou o vice-presidente", "Eu sou o diretor executivo", "Eu sou o diretor de relações públicas" ou até mesmo "Eu sou aquele que cria" ou "Eu sou o defensor da diversidade aqui", estamos exibindo a nossa identidade e levando a conversa para o lado pessoal. Em reação a isso, os outros se afastam (talvez não fisicamente, mas, com certeza, mental e emocionalmente). Em nossa dedicação ao progresso, precisamos ser capazes de debater idéias vigorosamente e ao mesmo tempo impedir a intromissão de nossa identidade.

A terra do Lego

A indistinção entre identidade e idéias pode criar problemas para a cultura de uma empresa também. Quando Jorgen Vig Knudstorp assumiu o cargo de diretor executivo da Lego, ela estava perdendo centenas de milhões de dólares a cada ano. Incumbido de recuperar a empresa, ele entrou numa cultura onde a cola que unia identidade e idéias era inesperadamente espessa. Já que as crianças eram o seu mercado-alvo, até então a empresa tinha se recusado a fabricar brinquedos com qualquer sugestão de violência ou luta. Embora esse princípio pudesse soar nobre (e talvez fosse), foi levado longe demais e prejudicou o progresso da empresa. "Quando, em 1999, a Lego decidiu lançar uma série de Guerras nas Estrelas", disse um executivo da empresa, Niels Sandal Jakobsen, "obter a permissão de George Lucas não foi nada comparado com a briga interna gerada pela palavra *guerra* embaixo da marca Lego." Ou seja, a palavra *guerra* representava uma violação de suas identidades ou de "quem eles eram".

Em um artigo de Nelson Schwartz para a revista *Fortune*, um projetista de brinquedos sênior disse que "a equipe tinha um vínculo pessoal com alguns produtos [certos itens da Lego]" e brigava para mantê-los vivos. Porém esse foco em seus brinquedos favoritos os impedia de perceber que a empresa precisava mudar. "A Lego estava muito concentrada em sua linha tradicional", disse Knudstorp, "e a atitude era 'Estamos produzindo coisas ótimas para as crianças – não nos perturbe com metas financeiras'." Quando a linha que separa identidade e idéias não está muito nítida, nosso foco se fixa na área errada (tal como manter um produto vivo versus manter a empresa viva) e aumenta a nossa resistência a mudanças. Isso faz com que o progresso se torne dolorosamente lento e improvável. Graças à equipe da Lego, que se desafiou a separar identidade e idéias, a companhia está voltando a ser lucrativa.

A indistinção entre identidade e idéias explica por que podemos estar a um metro de outra pessoa em uma reunião e ter a impressão de estar a cinco quilômetros de distância. A humildade elimina essa distância e mantém o vigor dos debates, aplicando duas idéias básicas à comunicação:

1. Manter uma consideração positiva incondicional.
2. Canalizar a intensidade da identidade para as idéias.

1. Manter uma consideração positiva incondicional

Independentemente do que os outros digam ou de como ajam, uma genuína troca de idéias não será possível até as pessoas terem certeza de que são suas idéias, e não suas identidades, que estão sendo questionadas. Se essa segurança não existe ou é desafiada, o progresso pára, porque a mente se fecha para questões, desafios, idéias novas, diferenças, etc. Nossa habilidade para abrir mentes é impulsionada em grande parte por aquilo que os outros acreditam ser nossa consideração por eles.

Carl Rogers foi um dos mais influentes psicólogos da história dos EUA. Juntamente com Abraham Maslow, merece grande parte do crédito pela mudança da psicologia inicial, que muitas vezes via a espécie humana com desprezo. As teorias de Rogers sustentam que, em geral, as pessoas são mentalmente saudáveis. A doença mental e outras mazelas humanas são vistas como distorções ou exceções a esse estado natural. Numa breve biografia escrita por sua filha Natalie, ficamos sabendo que os últimos 10 anos de vida de Rogers foram dedicados à aplicação de suas teorias em áreas de conflito social nos Estados Unidos, e também que ele viajou pelo mundo neste esforço. Na Irlanda, reuniu católicos e protestantes influentes; na África do Sul, negros e brancos; nos Estados Unidos, clientes e empresas de planos de saúde. Isso nos leva a uma das mais importantes abordagens práticas de Rogers e a uma forma altamente eficaz de debater vigorosamente com humildade – a consideração positiva incondicional.

O trabalho de Rogers partia da premissa que todas as pessoas são dignas de respeito e têm capacidade para contribuir, mesmo quando suas atitudes não denotam isso e elas não sentem assim em relação a si mesmas. Rogers usava a consideração positiva incondicional com pacientes, mas ela é igualmente valiosa nos relacionamentos de trabalho. A consideração positiva incondicional assegura ao outro que não estamos interessados em mudar sua identidade, mesmo quando pedimos que mude de opinião. Quando as pessoas não julgam necessário proteger sua identidade, elas conseguem se concentrar no debate das idéias.

Mas, como sugere a palavra *incondicional*, esse não é um estado mental temporário que acaba no momento em que decidimos que alguém não "merece" o nosso respeito. Ela é categórica. Nós não podemos impor artificialmente um limite de tempo à consideração positiva incondicional e dizer para nós mesmos: "Certo, farei isso, mas apenas por 10 minutos." Não sabemos quando a outra pessoa dirá: "Bem, então acho que precisaremos conversar." No entanto, quando o histórico das pessoas trabalha contra elas, vê-las com consideração positiva incondicional pode ser difícil. Talvez elas tenham frustrado nossas expectativas mais de uma vez. Talvez tenham perdido nossa confiança. Talvez não haja sentido em esperar que mudem. Qualquer que seja o motivo, por mais legítimo, precisamos tentar mesmo assim.

O fato de mantermos a identidade de uma pessoa sob consideração positiva incondicional não significa que sejamos ingênuos. Devemos entrar em todas as discussões de olhos bem abertos, alertas para o que está acontecendo naquele momen-

to ou já aconteceu no passado. Podemos não concordar com os valores, visões, estratégias ou idéias manifestadas pelos outros. No entanto, como seres humanos, eles devem merecer o nosso respeito. Embora intelectualmente simples de ser compreendida, a consideração positiva incondicional não é fácil de pôr em prática. Entre todas as suas contribuições para a psicologia, Carl Rogers apontou esta como uma das mais capazes de alterar a dinâmica das relações humanas.

Um vôo em direção à consideração positiva incondicional

Enquanto esperava um vôo de Houston para Phoenix, eu (Steve) aprendi uma importante e inesperada lição sobre o poder da consideração positiva incondicional. Pessoalmente, luto com esse conceito, apesar de conhecer seu poder. Enquanto falava com um colega em meu telefone celular, notei com o canto do olho alguém caminhando pelo saguão. Não era difícil caracterizar aquele homem por sua aparência. Era o tipo de sujeito com quem você não gostaria de arrumar confusão. Tinha tatuagens espalhadas pelos braços e no pescoço, usava o boné virado ao contrário, com piercings nas duas orelhas e uma lágrima tatuada embaixo de cada olho. Nunca pertenci a uma gangue, mas sei o suficiente sobre elas para compreender que as lágrimas significavam que ele tinha perdido um membro da família ou um companheiro de gangue, provavelmente assassinado. As lágrimas eram sua maneira de reverenciar aqueles que tinha perdido. Além de sua aparência, havia nele alguma coisa que não o caracterizava como sendo especialmente amigável. Quando olhei outra vez, ele tinha acabado de passar.

Ao me dirigir para o portão de embarque, vi que ele estava parado no meio do corredor fazendo bolas com seu chiclete. A cada estouro, alguém erguia os olhos e logo os desviava para evitar encontrar o olhar dele. Vi pessoas desviarem seu caminho para não ter que interagir com o sujeito ou atrair sua atenção. Eu compreendia o que elas estavam sentindo. Logo depois, recebi outro telefonema e fiquei totalmente absorto na conversa. Enquanto falava, sem que percebesse, fui me encaminhando para a fila de embarque. Quando terminei a ligação, olhei em volta para me reorientar e vi que ele estava parado junto a mim.

Enquanto os pilotos faziam seu check-in, pegavam seus papéis e se encaminhavam para a aeronave, ele perguntou em voz alta, ansioso: "Devemos ir para o avião já?" Respondi que ainda teríamos de esperar uns 15 minutos antes de podermos entrar. "Ah", ele falou, com visível alívio, "só estou um pouco nervoso. Esta é minha primeira viagem de avião." Eu poderia tê-lo ignorado com facilidade, me encaminhado para o portão e tratado da minha vida. Para ser franco, foi o que pensei em fazer. Mas em vez disso pedi a ele que me mostrasse seu bilhete e lhe expliquei como era o processo de embarque. Naquele momento, sem nenhum motivo, senti consideração positiva incondicional por ele – consideração que não tinha respaldo na sua aparência ou no quanto eu o conhecia. Eu não estava tentando pôr nada em prática. Mais do que tudo, comecei tentando ser prestativo e acabei ficando curioso. Perguntei para onde ele estava indo. "Para casa", ele respondeu, "após 16 anos na prisão... Saí poucas horas atrás."

Ele me contou qual era sua gangue e que tinha sido preso por tráfico de drogas, roubo de carros e outros crimes. Descreveu sua vida, seus crimes, seus arrependimentos, sua experiência na prisão e as mudanças que via em si mesmo. Tinha ficado numa solitária grande parte de seu tempo na prisão. Falamos sobre outras coisas. Foi uma conversa franca e ininterrupta. Enquanto os outros nos observavam, pareciam curiosos e surpresos com o fato de nós – dois opostos na aparência – estarmos conversando daquele jeito.

Não quero aplausos, como se meu comportamento tivesse sido especial. Quanto a meu amigo, sua história estava esculpida em seu rosto e era difícil de ser ignorada. A consideração positiva incondicional não tem nada a ver com ignorância. Eu sabia sobre seu passado, mas isso não era relevante para a qualidade daquela nossa conversa. A consideração positiva incondicional suspende o julgamento de raça, religião, idade, título, cargo, posição social ou política, para nos permitir uma coisa tão simples e básica quanto um diálogo aberto e franco, um que seja apropriado ao contexto. Ao rever essa experiência, percebo que a grande ironia é que ele tinha acabado de sair da prisão e o que descobri é que, por tê-lo tratado com consideração positiva incondicional, eu tinha me libertado da minha própria versão de prisão.

Da mesma maneira que somos tentados a rotular pessoas que não conhecemos, rotulamos aquelas que *de fato* conhecemos. Decidimos que não gostamos delas, do que fazem, de sua aparência, de como falam, do que representam, etc. "Sabemos" como reagirão e quais são seus motivos. Julgamos saber se serão abertas, críticas, criativas ou de convivência difícil. Justificamos nossos preconceitos, mas esses preconceitos afetam nossa consideração e, conseqüentemente, a franqueza das relações que travamos.

Não é fácil tratar as pessoas com consideração positiva incondicional quando já tivemos conflitos com elas, quando temos informações sobre elas ou quando o debate está chegando muito perto da verdade. Nesses casos, precisamos nos esforçar para suspender o julgamento sobre a intenção que está por trás do que elas estão dizendo ou fazendo. No entanto, quanto mais intimamente conhecemos alguém, mais tênue se torna a linha que separa identidade e idéias: elas parecem ser idênticas. Precisamos trabalhar diligentemente para mantê-las distintas. Nunca seremos capazes de manter consideração incondicional em todas as circunstâncias e com todas as pessoas. Mas sempre é possível conquistar mais um momento e, se esses momentos se somarem em número suficiente, a energia das nossas conversas coletivas e de nossos debates numa organização será afetada para melhor.

2. Canalizar a intensidade da identidade para as idéias

A intensidade, em uma discussão ou debate, pode nos levar a agir de uma destas duas maneiras: 1) damos *as costas* às pessoas e nos posicionamos *contra* suas idéias ou 2) nos *aproximamos* das pessoas e *abrimos nossas mentes* às suas idéias em busca de progresso. Nossas atitudes e o grau de humildade com que agimos determinam o destino de tudo: uma conversa, uma carreira, o sucesso de uma empresa. Bob Iger, diretor executivo da Disney, usou o princípio da aproximação com as pessoas para assegurar o sucesso da fusão Disney-Pixar.

"Eis a cena: três horas da tarde de quarta-feira, 25 de janeiro, no Estúdio de Som 7 do complexo de estúdios Disney em Burbank", escreveu Brent Schlender, da revista *Fortune*. "Quinhentas pessoas ligadas à produção de desenhos animados – artistas, produtores, atores, etc. – estão espremidas no prédio, falando e morrendo de ansiedade. A transação é surpreendente porque o antigo pacto de distribuição entre Pixar e Disney estava ruindo de forma litigiosa e deveria expirar em junho, após o lançamento de *Carros*. E agora, numa virada surpreendente, a Pixar – ou seja, as próprias pessoas naquela sala –, além de estar se incorporando à Disney, está também *assumindo* a direção de criação das operações de desenho animado da empresa, que estavam afundando! É como se Nemo engolisse a baleia." Quando John Lasseter, que, com seu imenso talento, é uma espécie de Walt Disney da Pixar, entrou na sala para se encontrar com essa multidão, os aplausos foram ensurdecedores e se estenderam por um longo tempo.

Lendo a reportagem de Schlender, o que mais nos interessou não foram os aplausos para Lasseter, mas saber como tinha se dado o acordo Pixar-Disney. Após meses de negociações frustrantes cheias de intenções veladas entre Michael Eisner e Steve Jobs, o boato era que Eisner estava finalmente deixando o cargo de diretor executivo da Disney. Lasseter estava nervoso com o acordo porque, da maneira como estava estruturado inicialmente, a Disney se tornaria dona dos personagens da Pixar – ou, nas palavras de Lasseter, "de nossos filhos". Após anos desenvolvendo personagens maravilhosos como Woody, Buzz Lightyear, os Incríveis e Nemo, que tinham a mesma delicadeza e o mesmo charme dos primeiros personagens da Disney, ele se perguntava se a transação apagaria anos de muito trabalho e sacrifício. "Nós temos essa preciosa entidade chamada Pixar", disse Lasseter. "Ela é como um organismo vivo, como se tivéssemos descoberto uma forma de fazer nascer vida num planeta onde, até então, isso nunca fora possível. Nós nos perguntávamos se uma transação como essa não arruinaria tudo. Mas Steve [Jobs] disse para Ed [Catmull, fundador e presidente da Pixar] e para mim: 'Vocês precisam conhecer Bob Iger. Isso é tudo o que posso dizer. Ele é um homem bom.'"

Como vocês podem imaginar, a intensidade estava alta. No dia em que foi anunciado que Bob Iger substituiria Eisner, o novo comandante da Disney telefonou a Lasseter para marcar uma reunião. Veja como Iger usou a humildade para se aproximar de Lasseter e o efeito que isso provocou nos dois (nas próprias palavras de Lasseter):

> *Bob [Iger] foi lá em casa, jantou comigo e minha mulher e conheceu meus filhos. E imediatamente percebi que ele era diferente. Não por ele* dizer *as coisas certas, mas porque dava para sentir a sinceridade dele. Acho que a coisa mais simples foi que ele* prontamente admitiu o que não sabia *e* parecia confortável com isso. *Então ele acrescentou*

que pelo menos uma coisa sabia: que o desenho animado era o coração, a alma e a locomotiva que puxava esse trem chamado Disney, e que a locomotiva estava quebrada e precisava de conserto. Eu ainda estava nervoso com o modo como a Pixar ia mudar caso se tornasse parte da Disney. E Bob simplesmente disse: "Comprar a Pixar vai custar muito caro. É do meu interesse fazer tudo o que for possível para mantê-la como é." Ele estava calmo e racional. Não havia politicagem nem significados ocultos no que dizia. *E o que percebi é que Steve [Jobs] estava certo sobre aquele sujeito.* [Grifos nossos]

Quanto mais uma coisa é importante para nós, ou quanto mais perto ela está da nossa identidade, maiores são as chances de nos afastarmos das pessoas ou de nos posicionarmos *contra* suas idéias para defendê-la. Nesse caso, a humildade de Iger ao admitir o que não sabia e a disposição de Lasseter de se manter aberto e ouvir criaram uma atmosfera onde não havia espaço para a interferência do ego – embora Iger fosse o diretor executivo de uma empresa com a tradição e a fama da Disney e Lasseter estivesse profundamente preocupado com a possibilidade de o trabalho da sua vida correr perigo. Sem interferências, eles criaram uma "zona neutra" que esclareceu as intenções e estabeleceu uma dedicação mútua ao progresso. Essa zona neutra dá a todos uma oportunidade de respirar e faz com que seja mais fácil canalizar a intensidade para as idéias. Mas como é que se cria uma zona neutra? Impedindo que a excitação fisiológica difusa se instale ou abandonando-a depois que ela foi desencadeada.

Desviar da identidade para as idéias

Os quatro sinais de perigo do ego indicam que estamos no território da excitação fisiológica difusa. Para escapar desse território, precisamos aprofundar a compreensão entre as partes antes de prosseguir com qualquer discussão. Não podemos travar um debate significativo quando estamos nesse estado; a pressão que ele exerce, nos empurrando para a briga ou para o isolamento defensivo, é muito forte. No entanto, por mais que escapar da excitação difusa represente um alívio, a fuga em si não é suficiente. Após nos livrarmos dela, o avanço de uma discussão – e não a sua mera continuação – requer o nível certo de intensidade.

Num debate de idéias, existe um nível de intensidade ótimo que chamamos de excitação fisiológica elevada. Algumas das palavras que melhor descrevem esse estado são: *envolvido, entusiasmado, eufórico, ativo, eficaz, empolgado* e *motivado*. Nós desviamos a intensidade para a excitação fisiológica elevada com as perguntas que fazemos. Em nome do equilíbrio deste capítulo, vamos falar de maneiras práticas de sair do estado de excitação difusa e criar uma zona neutra, de modo a aumentar o nível de excitação elevada. O objetivo do aprendizado dessas técnicas é alcançar a intensidade, e não evitá-la.

Linguagem para escapar da excitação difusa

Quando as pessoas estão em estado de excitação fisiológica difusa, considere usar uma "declaração de abertura". Essa frase recebeu tal nome por dois motivos: 1) sua meta é abrir as mentes que começaram a se fechar e 2) é a primeira coisa que dizemos antes de fazermos perguntas. Frases de abertura são coisas como:

- "Talvez você esteja com a razão . . ."
- "Embora não seja fácil ouvir isso, estou feliz por você estar dizendo alguma coisa..."
- "Certo. Vamos conversar mais sobre o assunto."
- "Fale um pouco mais sobre isso."

Uma declaração de abertura não implica concordância. Em uma de nossas sessões de liderança, uma gerente estava treinando uma declaração de abertura. A cena que ela lia começava com a frase "Talvez você esteja com a razão". Então ela parou e disse à colega com quem estava ensaiando: "Eu não poderia usar isso como declaração de abertura. E se eu não achar que a outra pessoa está com a razão?" Ela havia interpretado "talvez você esteja com a razão" como "você *está* certo". Nem ouviu o "talvez". Por temermos que compreensão signifique concordância, perdemos oportunidades de sinalizar nossa boa intenção e nossa boa vontade.

Por outro lado, um de nossos alunos disse: "Adoro esse negócio [declaração de abertura]. Ela desarma a outra pessoa ao concordar com ela logo no início." As declarações de abertura não visam concordar *ou* discordar. Dependendo da necessidade, elas têm como objetivo abrir as mentes tanto para o debate quanto para a compreensão. Além disso, são um lembrete para mantermos nossas próprias mentes abertas.

Linguagem para provocar a excitação elevada

Após sairmos do estado de excitação fisiológica difusa e restabelecermos a zona neutra, muitas vezes precisamos aumentar a intensidade de um debate para investigar o melhor caminho para o progresso. Esse aumento de intensidade nos desperta de movimentos rotineiros e estados de contentamento. Tal convite poderia começar com frases como:

- "Gosto bastante do que você está dizendo. Mas o que me deixa nervoso é o fato de eu gostar tanto e de estarmos todos de acordo. Após refletir sobre isso, na minha opinião, o que está faltando..."

- "Para obter um ponto de vista diferente, vou defender o oposto e levá-lo ao extremo apenas para ver se há alguma lógica nele. Não estou nem mesmo totalmente seguro de que acredito nisso, mas quero ter a certeza de que não estamos nos apaixonando rápido demais pelo que parece ser uma ótima idéia."
- "Gosto de parte do que você está dizendo. Essas observações são boas e acho que estaríamos cometendo um grande erro se as descartássemos. Porém, para mim, algumas dessas coisas são totalmente inviáveis. Portanto, vocês terão de me ajudar a compreender tudo isso. Por exemplo..."

Essas frases pressupõem que você esteja fazendo o convite. Mas e se você não estiver no controle e ninguém "convidar" ao debate? Uma de nossas clientes se deparou com uma situação difícil. O chefe dela disse: "Precisamos demitir metade da sua equipe de vendas. Quero que você me apresente a lista até sexta-feira." Embora nem sempre haja espaço para debate, as opções poderiam incluir:

a. "O quê? De onde foi que isso saiu? Será que demitir pessoas é a única maneira que temos para compensar a diminuição das vendas?" (defensivismo)
b. "Posso ter uma lista para você até sexta-feira. Por simples curiosidade, posso fazer uma pergunta? O corte de metade da nossa equipe de vendas irá decididamente diminuir alguns custos a curto prazo, mas, como irá também produzir um impacto na receita, não estou muito certa sobre essa decisão. Gostaria de examinar isso sob ângulos diferentes e, se demitir vendedores for a melhor opção, então, por mais difícil que isso seja, serei a primeira a votar por essa decisão (e sei que você não neces-

sariamente precisa do meu voto). Será que isso é razoável?" (debate)

c. "Parece que a nossa primeira reação a qualquer pressão financeira é contratar ou demitir. Podemos estar sendo sugados para uma estratégia que nos impedirá de alcançar o tipo de crescimento que estamos procurando. Será que a demissão de funcionários é a melhor abordagem? (debate)

d. "Sei que não é fácil, para qualquer um de nós, demitir pessoas. Suponho que possam existir inúmeras razões motivando essa estratégia. Podemos analisar umas duas alternativas e discutir o que está nos levando a achar que esta é a melhor solução?" (compreensão)

Imagine a pressão e a ansiedade decorrentes de precisar dar más notícias e demitir pessoas. Perder a metade da sua equipe de vendas poderia ameaçar o cumprimento das suas metas e, por fim, pôr o seu *próprio* emprego em risco. Isso poderia imediatamente empurrar alguém para fora da zona neutra e colocá-lo em estado de excitação fisiológica difusa e, como conseqüência, não lhe ocorreriam boas perguntas. Você poderia discordar da decisão, mas esqueceria seus melhores argumentos se entrasse no estado difuso.

Mais uma vez, qualquer escolha depende do tipo de relacionamento que você tem com a pessoa com quem está interagindo e do contexto, o que inclui o tópico, o momento e o que está em jogo.

Humildade + curiosidade

Numa empresa, o debate é tão fundamental quanto o capital financeiro, porém certas dinâmicas humanas o interrompem e custam dinheiro. Há dois tipos de intensidade; uma é produtiva, a outra é destrutiva. Quando a intensidade destrutiva entra em cena, os primeiros sinais de perigo do ego aparecem também. Se não fizermos alguma coisa em relação a eles, as pessoas entrarão em estado de excitação fisiológica difusa e o debate será simplesmente interrompido. E com ele o progresso. As diretrizes contidas neste capítulo mantêm o debate produtivo. Se aplicarmos a consideração positiva incondicional, usarmos boas declarações de abertura e deixarmos claro o que estamos pretendendo, poderemos canalizar a intensidade para as idéias. Essa manobra mantém as mentes abertas, a comunicação clara e acelera a troca de idéias.

Por fim, no espírito do debate vigoroso e do aprofundamento da compreensão, a humildade nos induz a perguntar: "O que importa *eu estar certo* neste momento se chegarmos a um acordo no final?" **Se estamos dedicados ao progresso, não importa *quem* tem a solução, mas apenas que ela seja encontrada**. A descoberta dessa solução começa com a humildade, mas não pára nela. Desviar as conversas das declarações e das opiniões para a verdadeira investigação requer a aplicação implacável e focada do segundo princípio da egonomia: a curiosidade. Qual é o tipo de curiosidade de que mais precisamos, como obtê-la e como usá-la é o que veremos a seguir.

8. Intensidade e intenção

pontos básicos

- Como a humildade tem a imerecida reputação de ser silenciosa, as pessoas muitas vezes a confundem com harmonia eterna. No entanto, a harmonia raramente é alcançada sem que haja um pouco de turbulência primeiro.
- Na busca pelo progresso, é preciso haver intensidade. Não podemos acelerar o progresso sem choques, opiniões divergentes e julgamentos conflitantes. Mas, se não conse-

guirmos controlar a intensidade, não obteremos a diversidade de pensamento.

- Debates vigorosos exigem um pesado investimento de humildade para manter a intensidade produtiva, evitar que o vigor se transforme em violência e, quando necessário, impedir que sejamos seduzidos por trocas de palavras corteses mas irrelevantes.
- Em muitas empresas, o pêndulo do debate se desloca para um lado (violência) ou para o outro (cortesia) - extremos que trocam a diversidade intelectual pelo isolamento, pelos choques egocêntricos ou pelo consenso tranqüilo e pseudo-harmonioso.
- O progresso requer mais do que boa vontade para ouvir. Ele exige que, de forma entusiástica, nos forcemos a examinar todos os ângulos de uma questão, indo ao limite do intelecto para testar nossas teorias, antes de tomar uma decisão.
- Quando estamos em estado de excitação fisiológica difusa por dentro – e externamente agimos como se não estivéssemos –, acontecem em nosso cérebro coisas que criam uma visão de túnel e nos impedem de ouvir tudo o que está sendo dito. Essa surdez não é só uma figura de linguagem; no seu auge, a excitação difusa literalmente bloqueia a audição. Por mais que desejemos que não seja assim, a verdade é que nessa hora não conseguimos pensar de forma tão clara quanto normalmente fazemos.
- Em uma discussão, os primeiros sinais de perigo do ego indicam que estamos em estado de excitação fisiológica difusa. Por ironia, quando achamos que estamos sendo atacados e que precisamos nos defender, esse estado pouco faz para nos manter "seguros".
- Temos, dentro de cada um de nós, aquilo que chamamos de "usina geradora de energia". Ela representa, entre outras

coisas, a nossa identidade – ou seja, quem somos. Quando achamos que a nossa identidade está sendo atacada, a intensidade de nossa reação para proteger quem somos aumenta.

- A usina geradora de energia abrange nossa identidade e nossas idéias. As idéias incluem a execução, as estratégias e os pontos de vista. A identidade inclui os valores e a personalidade. No gerenciamento dessa energia, as reações são determinadas por nossa percepção daquilo que acreditamos estar sendo questionado ou ameaçado.
- A humildade mantém o vigor dos debates sem deixar que eles se tornem violentos. Faz isso aplicando duas idéias fundamentais para a comunicação: 1) a consideração positiva incondicional e 2) a distinção entre identidade e idéias.
- Independentemente do que os outros digam ou de como ajam, uma troca de idéias verdadeira não é possível até as pessoas terem certeza de que são suas idéias que estão sendo questionadas, e não suas identidades.
- A consideração positiva incondicional assegura às pessoas que não estamos interessados em mudar sua identidade, mesmo quando lhes pedimos que mudem de opinião. Quando elas não julgam necessário proteger aquilo que as identifica, podem se concentrar no debate das idéias.
- O fato de tratarmos a *identidade* de uma pessoa com consideração positiva incondicional não significa que somos ingênuos. Devemos entrar em todas as discussões de olhos bem abertos, atentos para tudo o que está acontecendo naquele momento ou já aconteceu no passado.
- Não é fácil tratar as pessoas com consideração positiva incondicional quando elas têm um histórico de conflitos conosco, quando temos lembranças desagradáveis associadas a elas ou quando o debate está chegando muito per-

to da verdade. Nesses casos, precisamos fazer um esforço maior para suspender o julgamento das intenções por trás do que elas estão dizendo ou fazendo. Mas, em geral, quanto mais intimamente conhecemos alguém, mais tênue se torna a linha que separa identidade de idéias.

- Numa discussão ou num debate, a intensidade pode fazer com que 1) nos afastemos das pessoas e nos posicionemos contra suas idéias ou 2) nos aproximemos das pessoas e de suas idéias na busca do progresso.
- Os quatro primeiros sinais de perigo do ego indicam que estamos no território da excitação fisiológica difusa. Para escapar desse estado, precisamos aprofundar a compreensão entre as partes antes de prosseguir com qualquer discussão, que dirá entrar num debate vigoroso. Não se pode debater com clareza em estado de excitação difusa.
- Em um debate, há um nível de intensidade ótimo que chamamos de estado de excitação fisiológica elevada. Uma pessoa nesse estado fica envolvida, entusiasmada, eufórica, ativa, eficaz, empolgada e motivada.

9
Curiosidade

A verdadeira ignorância é lucrativa porque é provável que esteja acompanhada de humildade, curiosidade e abertura mental, enquanto a habilidade de repetir slogans, jargões e frases feitas passa uma idéia falsa de conhecimento e reveste a mente com um verniz que a deixa impermeável a novas idéias.

JOHN DEWEY

Os quatro primeiros sinais de perigo do ego fecham as portas para o aprendizado e impedem o acesso à mente dos outros. A humildade abre essas portas por meio de "primeiro nós, depois eu" (dedicação ao progresso), "sou brilhante e não sou" (dualidade) e "mais uma coisa" (descontentamento construtivo). A curiosidade é o catalisador que explora livremente o território das idéias, percepções, preconceitos e crenças que estão por trás dessas portas abertas.

A curiosidade trabalha com a humildade para extinguir os quatro primeiros sinais de perigo do ego ao colocar a pressão da comparação exatamente nas idéias, e não nas pessoas, anular posições defensivas, reabrir a caixa de conhecimento que se fecha quando se exibe superioridade e fazer com que a pessoa que está buscando aceitação questione em vez de concordar. A boa notícia é que temos uma vantagem: em geral, as pessoas são curiosas.

No entanto, até que ponto vai a curiosidade é outra história, e essa resposta é vital para determinar o valor que criamos.

Despertada ou desperta?

Há dois tipos de curiosidade: *de estado* e *de característica*. A *curiosidade de estado* – o tipo que a maioria das pessoas tem – espera que alguma coisa a estimule. Seja através de uma facilidade técnica, da simplicidade de um transportador pessoal Segway, da imponência do Taj Mahal, da empolgante arte de Michelangelo na Basílica de São Pedro, de Stephen Hawking ao explicar o Universo em termos leigos, do truque de um mágico ou da maneira como o Google vasculha o mundo em 0,17 segundo para achar aquela informação de que precisamos, nossa curiosidade é despertada. No entanto, a curiosidade de estado é temporária. Logo após sairmos do estado que a estimulou (a pergunta, a experiência, a perplexidade), ela acaba; permanece adormecida até a próxima vez que a estimularem. A *curiosidade de característica*, por outro lado, não espera uma fagulha para despertar. Ela se acende sozinha. A principal diferença entre as duas é ilustrada por sir Richard Branson.

Branson – que recebeu da rainha da Inglaterra em 1999 o título de cavaleiro por "serviços ao empreendedorismo" – é o bonitão e audaz empresário da Virgin. Observando de fora, a maioria de nós se pergunta como são *realmente* as pessoas como ele quando estão longe das câmeras e dos microfones. Aqui vai uma história em primeira mão. Um colega nosso estava entrando num avião da Virgin que ia de Londres para Los Angeles quando notou a presença de Branson no mesmo vôo. Ao alcançarem os 10 mil pés – quando o sinal sonoro avisou que era "seguro se mover pela cabine" –, Branson se levantou e foi direto para o fundo do avião. Lá, conversou com todos os tipos de passageiro – pais, crianças, adolescentes, adultos, empresários, etc. Ele não lhes perguntou sobre o preço que tinham pago pela passagem - *nem uma única vez* - mas perguntou o que eles *achavam* de suas poltronas, da comida, dos filmes, dos jogos, do serviço de bordo e do saquinho de guloseimas das crianças. Não estava interessado nos dados técnicos da viagem, mas naquilo que os passageiros estavam *vivenciando.*

Ninguém induziu o multibilionário a sair de seu confortável assento e passar o vôo conversando com os passageiros. Sua incursão ao fundo do avião não parecia de maneira alguma ter sido motivada por um desejo superficial ou egocêntrico de ser notado. Na realidade, a pessoa que conversou conosco disse que ele fez isso da maneira mais discreta possível para alguém com sua fama. Ele era apenas incrivelmente, insaciavelmente curioso. E ainda é. Pelo menos uma vez por mês, Branson viaja pela Virgin para manter contato com a experiência real. Esse tipo de curiosidade é contagiante. Como um tentáculo da curiosidade da Virgin, uma página no site da empresa - com o link "Você tem uma grande idéia? - incentiva as pessoas a compartilharem suas idéias com eles. Aqui está a versão resumida da página:

1. Quer dizer então que você encontrou uma excelente oportunidade de negócio?

Estamos sempre à procura da próxima GRANDE idéia. Se você tem uma excelente idéia para nós, então *somos todos ouvidos.* Estamos sempre à procura de novas idéias para melhorar nossas empresas atuais e criar novas. Especialmente se elas puderem aprimorar nossos negócios ou criar novos. Todas as empresas Virgin *vivem e respiram nossos valores centrais* e todas as novas propostas ou idéias precisam refletir esses valores. [Seus principais valores são então listados.] Portanto, se você acha que tem uma idéia que se encaixaria bem e que tem potencial para se tornar um grande negócio global, *nós adoraríamos ouvi-la.*

2. Sendo assim, onde procuramos essas grandes idéias?

Temos muitos negócios diferentes espalhados pelo mundo. *Para facilitar as coisas, preferimos agrupá-los em áreas.* [As áreas são então listadas.] Essas são as áreas que gostaríamos de desenvolver no futuro e onde *acreditamos estarem se escondendo as grandes idéias de hoje.*

3. Fazendo-se ouvir

Clique aqui para obter uma lista de contatos. Se a sua idéia não se encaixar em nossas empresas atuais mas mesmo assim for fantástica, você pode enviá-la para o Conselho de Desenvolvimento da Administração da Virgin, no endereço indicado na Seção 6, e ficaremos felizes em analisá-la. *(Deveremos ter uma resposta para você em três semanas.)*

Entramos em centenas de sites, inclusive de concorrentes da Virgin, e não encontramos nada parecido. Além de tornar mais fácil para alguém revelar uma idéia, a curiosidade e a receptividade da Virgin podem ser sentidas por todo o texto. Mesmo pessoas estranhas, com idéias talvez estranhas, são bem-vindas. Mas a pergunta poderia ser: "E daí? Qual é a compensação para esse nível de curiosidade?"

Nos últimos 35 anos, a Virgin gerou negócios em *megastores* de música, viagens aéreas, telefones celulares, financiamento, varejo, entretenimento, internet, bebidas, transporte ferroviário, hotéis e lazer, espalhados por cerca de 200 empresas em quase 30 países. Segundo pesquisas nacionais, além de ser o empresário mais admirado no Reino Unido, Branson é considerado o número um como exemplo para os estudantes, como alternativa para ser prefeito de Londres e como pai, além de ser o número dois entre os jovens como opção de primeiro-ministro, depois de Tony Blair. No mundo dos negócios, o mercado sempre tem a palavra final. Veja aqui como o mercado se manifesta a respeito da "profissional mas não corporativa" Virgin Enterprises:

- 100% de reconhecimento no Reino Unido, 96% na Austrália, 56% nos EUA
- marca número 1 para representar a Grã-Bretanha no futuro
- marca mais respeitada entre os homens
- segunda marca mais "responsável" (depois da Body Shop)
- quarta melhor marca comercializada no mundo, segundo a *Forbes*
- mais digna de confiança do que o Bank of England.

O nome Virgin surgiu na frase de uma amiga que, ao iniciar a empresa com Branson, comentou: "Somos todos virgens no mundo dos negócios." Essa idéia nunca pareceu ter sido esquecida por Branson e sua empresa. O título de presidente e diretor executivo da empresa não reflete a cultura que ele criou. Um título mais condizente seria o de diretor executivo de curiosidade. Ele disse: "A minha maior motivação? Simplesmente continuar a me desafiar. Vejo a vida quase como uma longa educação universitária que nunca tive – aprendo alguma coisa nova todos os dias." A curiosidade das pessoas é despertada por coisas diferentes em ocasiões diferentes (essa é a curiosidade de estado), mas é a de característica que distingue as pessoas mais curiosas que conhecemos de todas as outras.

Abertura + disciplina = ?

Pessoas muito curiosas, como Branson, são bem diferentes daquilo que se poderia imaginar. Pense em alguém que você conhece que seja muito aberto a experiências, que adore se envolver nelas e investigar novas possibilidades: essa pessoa é audaciosa, flexível, artística, livre e energizada por novas idéias. Agora pense em alguém que é o oposto disso – organizado, disciplinado, meticuloso, racional, sistemático e metódico, disposto a manter tudo o que existe no mundo em seu devido lugar. Em qual dessas duas pessoas você apostaria seu dinheiro como sendo a mais curiosa? Na verdade, a resposta é: nenhuma delas.

De acordo com décadas de pesquisas realizadas por David Beswick, da Universidade de Melbourne, as pessoas com curiosidade de característica possuem uma rara e exclusiva mistura de interesse *e* disciplina. "Elas têm tanta segurança em seus mundos que conseguem pôr seus mapas cognitivos em risco e não vivenciar uma ansiedade debilitadora", diz ele. Essa mistura produz uma curiosidade acentuada e a segurança para trabalhar no espaço intelectual "localizado na fronteira entre o caos e o cosmos". À primeira vista, parece haver um conflito entre a disciplina e a abertura ao novo. Na realidade, quando os psicólogos avaliam traços de personalidade, eles notam uma correlação negativa entre as duas. Os "disciplinados" não são suficientemente abertos ao mundo e resistem à interrupção de suas abordagens sistemáticas ou da ordenação das coisas. Os "abertos" subestimam a disciplina, e sua curiosidade é demasiadamente despreocupada: eles aceitam as mudanças com facilidade e não se preocupam muito com as conseqüências.

Quando a disciplina supera a abertura, a curiosidade perde a liberdade para investigar. Se deixada exclusivamente nas mãos da abertura, a curiosidade perde estrutura e propósito. **A maior concentração de curiosidade não é criada pelo acréscimo de meio quilo de disciplina a um quilo de abertura, ou vice-versa. A curiosidade de característica requer partes iguais de ambas**. Com a mistura correta de abertura e disciplina, "perguntas são feitas, cálculos são elaborados, coisas são reviradas e esmiuçadas e pode haver também questionamentos e dúvidas", diz Beswick. "No entanto, após a bola se manter quicando por tempo suficiente, algum tipo de resolução será alcançado e... uma nova ordem de representação do mundo surgirá." Quando mantemos a "bola" da curiosidade quicando por algum tempo, conseguimos ver o mundo a partir de um ângulo ligeiramente diferente.

Só mais uma pergunta

As pessoas com curiosidade de característica não vêem o mundo de forma diferente da nossa todos os instantes do dia, mas o vêem de modo singular por alguns minutos. Nesses momentos, a curiosidade pode vislumbrar uma sutil diferença no que parece ser igual para todas as outras pessoas. Por exemplo, em meados de julho (Steve se lembra), nosso aparelho de ar condicionado parou de funcionar. Não conseguíamos descobrir qual era o defeito e, por isso, chamamos um técnico. Na realidade, acabamos chamando dois, o que é o motivo dessa história.

O primeiro técnico chegou e, após 30 minutos, estava pronto para ir embora. Ele me mostrou sua prancheta com os 20 itens que rotineiramente checa quando examina aparelhos de ar condicionado. Todos os itens da sua lista estavam marcados e em ordem. "Acrescentei mais gás ao seu sistema", ele disse, "e isso deve eliminar o problema. Não consegui achar nenhum outro defeito." Enquanto preenchia o cheque, manifestei meu alívio por o problema ser apenas escassez de gás. "Bem, não estava com pouco gás", ele respondeu, "mas, como não consegui achar nenhum outro problema, supus que seria isso. Se não der certo, o senhor provavelmente vai precisar de um aparelho novo." Como, no dia seguinte, a temperatura ainda continuava em torno de 32 graus dentro de nossa casa, telefonei de novo para a mesma empresa – mas pedi que me enviassem outro técnico.

Eles me asseguraram que o que tinha vindo anteriormente era competente, experiente e confiável. Até pegaram o relatório dele para verificar se ele tinha checado corretamente os 20 itens da lista. A pessoa com quem eu falava comentou que "ele tinha acrescentado gás a meu aparelho de ar condicionado". Insisti na vinda de outro técnico.

O segundo chegou, vestindo o mesmo uniforme da empresa, dirigindo a mesma van e segurando uma prancheta idêntica com a lista de 20 itens. Eficientemente, ele seguiu os mesmos procedimentos de diagnóstico, marcando os itens após tê-los checado. Mas então aconteceu uma coisa que o distinguiu do primeiro técnico. Enquanto me encaminhava para o quarto que funcionava como meu escritório, notei que ele estava parado em frente ao aparelho – olhando para ele. Quinze minutos depois, enquanto subia as escadas, vi que ele continuava olhando, só que de outro ponto. Com a minha própria curiosidade despertada, perguntei o que ele estava fazendo. "Não creio que o seu problema tenha alguma coisa a ver com o que aconteceu ao aparelho de ar condicionado após o senhor ter comprado a casa", ele disse. "Acho que foi o que aconteceu a ele *antes* de o senhor comprar a casa." A seguir, retirou a caixa de proteção para dar uma olhada no sistema. O que ele descobriu resolveu o problema.

Quando os operários estavam construindo a casa, eles usavam a função de aquecedor do aparelho durante o inverno. Como havia muita poeira no ar por causa da obra, ela foi se acumulando no evaporador. Antes de entregar a casa, eles não o limparam, então a passagem de ar ficou bloqueada pouco tempo depois de eu começar a usar o resfriamento. Se os operários não tivessem usado o aparelho, o defeito não teria ocorrido. Aquela era a primeira vez que o técnico via tal problema. Ele limpou o evaporador, vedou bem a caixa e, em pouco tempo, a temperatura da casa estava em agradáveis 22 graus.

O que quero ressaltar aqui é que os 20 itens que representavam as "melhores práticas", sem dúvida acumuladas ao longo de anos de serviço, não consertaram o *meu* aparelho de ar condicionado. A curiosidade de característica do segundo técnico acrescentou mais um item àquela lista de 20. Foi preciso alterar um pouco as verificações rotineiras para encontrar uma solução para o meu problema; o mistério não seria solucionado por um "procedimento" ou por uma curiosidade de estado induzida por uma lista-padrão. De acordo com a pesquisa sobre curiosidade feita por Mary Dawn Ainley, também da Universidade de Melbourne, o primeiro fator motivador da curiosidade de característica é o desejo de "vivenciar algo único para alcançar a compreensão". O segundo técnico observou, indagou mentalmente, retrocedeu no tempo e ultrapassou a lista de itens a serem verificados para vivenciar algo único.

Eu lhe perguntei por que ele tinha insistido em tentar. "Sempre gostei de resolver coisas", ele disse. "Gosto de saber como as coisas funcionam e por que não funcionam. Tenho que ir em frente até achar uma solução." Essa solução é o principal objetivo da curiosidade. O termo *curiosidade* está relacionado às palavras *cura, cuidado, cuidadoso* e *acurácia.* Ou seja, a curiosidade nos induz a compreender corretamente o que está acontecendo para que possamos descobrir uma cura (solução) apropriada. No entanto, há ocasiões em que nosso desejo de curar ou consertar alguma coisa é exatamente o que nos atrapalha.

Qual é a cura para a cura "padrão"?

O nosso fervor por respostas atenua a curiosidade. Num exemplo de como nossos impulsos iniciais se interpõem no caminho, vale aprender uma lição com crianças em idade pré-escolar. Imagine que você tenha apenas 4 anos e que um adulto lhe ofereça sua guloseima favorita. Pouco antes de mordê-la, ele lhe oferece um trato ainda mais doce: se você conseguir esperar 15 minutos para comê-la, isto é, enquanto ele realiza uma determinada tarefa, você ganhará duas guloseimas quando ele voltar. Em outras palavras, você dobraria o seu ganho em apenas 15 minutos. O que você faria? Lembre-se: você tem apenas 4 anos. A resposta poderá ter grandes implicações para o seu futuro.

Entre 1968 e 1974, Walter Mischel, da Universidade de Stanford, realizou uma série de estudos sobre o que, para uma criança, torna mais difícil ou mais fácil adiar um prazer. Uma experiência simples envolvia crianças de 4 ou 5 anos e um brigadeiro. Mischel levou cada uma para uma sala, separadamente, e lhe ofereceu um brigadeiro. No entanto, antes de dar permissão para comer o doce, ele informava que, se ela esperasse 15 minutos até ele voltar, receberia dois brigadeiros em vez de um. Então Mischel saía da sala e sua equipe gravava o comportamento das crianças.

Para algumas, não havia distância alguma entre estímulo e reação. No momento em que a porta se fechava – nham! – o brigadeiro desaparecia. Outras lutavam contra a tentação enquanto podiam. Davam minúsculas mordidas na base do doce, achando que isso não seria percebido. No entanto, seus esforços para resistir eram vãos e elas, por fim, sucumbiam à tentação e comiam o resto do brigadeiro com a maior alegria. Algumas poucas se esforçavam o máximo que podiam e *lambiam* o brigadeiro, aparentemente achando que isso não significava tecnicamente comer e, portanto, era permitido. Mas lamber, claro, levava a comer.

Por outro lado, algumas crianças mantinham distância da tentação usando estratégias diferentes para ignorar os apelos do brigadeiro. Algumas fingiam que ele não estava lá e perambulavam pela sala. Outras se sentavam em frente à guloseima com o rosto escondido nas mãos e, de vez em quando, espiavam por entre os dedos para ver se ela ainda estava lá. Havia as que conversavam consigo mesmas, como se houvesse um amigo imaginário na sala. Uma menina cantou canções de ninar para desviar sua mente da tentação e, em seguida, engatinhou para debaixo da mesa e adormeceu.

Depois do estudo sobre o controle do impulso inicial, Mischel acompanhou essas crianças durante 20 anos. Aquelas que tiveram força de vontade para resistir aos 15 minutos de tentação e esperar por dois brigadeiros foram mais bem-sucedidas na escola e emocionalmente mais inteligentes. Mostraram-se mais hábeis sob estresse, encararam mais desafios e perseguiram suas metas, não desistindo ao enfrentar dificuldades. Tornaram-se mais autoconfiantes, mais confiáveis e mais cheias de iniciativa do que aquelas que tinham comido o brigadeiro. Atingiram uma média de 200 pontos a mais nos possíveis 1.600 dos Testes de Aptidão Escolar realizados pelas faculdades para selecionar futuros alunos.

Aviso: antes que você corra para pegar um prato de brigadeiros e realizar sua própria experiência, recomendamos que não tente fazer isso em casa. Se seu filho ou sua filha comer o brigadeiro antes da marca dos 15 minutos, você poderá cair em depressão ao ver seu sonho para seu rebento desaparecer diante dos olhos. Confie em nós; sabemos por experiência própria. Mas, pensando melhor, talvez você devesse tentar. Pelo menos saberia se deve abrir uma caderneta de poupança e começar a economizar para pagar uma educação universitária ou se é melhor pegar esse dinheiro e gastá-lo numa viagem sensacional.

Vai ter brigadeiro na reunião?

Assim como as crianças, nós consideramos irresistíveis as tentações. No entanto, adquirir controle sobre os impulsos é uma prova de maturidade, certo? Deveria ser. Só que, como adultos, nossa capacidade de resistir às tentações não parece ser muito maior que a das crianças; a única diferença está no tipo de "guloseima". A sala de reunião de uma empresa é o local para uma pesquisa semelhante à de Mischel. A versão corporativa do brigadeiro é uma idéia (uma cura, uma resposta, uma solução) que, na opinião de alguém, fará diferença. O nosso impulso, mesmo como adultos, é nos agarrarmos a ela imediatamente em busca de resultados instantâneos; queremos uma resposta rápida seguida de uma execução impecável. Mas, na busca por esses resultados, veja o que o Dr. Thomas Gilovich, da Universidade de Cornell, descobriu após pesquisar desde 1981 a economia comportamental e os processos de tomada de decisões: "Nós, humanos, parecemos ser extremamente talentosos para gerar idéias, teorias e explicações que têm um ar de plausibilidade."

A evidência corrobora a observação dele: a cada 60 minutos, 101 novas patentes são requeridas; a cada dia, 2.265 novos negócios entram em atividade apenas nos Estados Unidos; e por ano, em média, cerca de 32 mil produtos novos são introduzidos no mercado. Porém há a segunda parte da descoberta de Gilovich: "Ocorre que somos também relativamente incompetentes na avaliação de nossas próprias idéias depois que elas foram concebidas." Nos próximos cinco anos, cerca de 90% dos novos empreendimentos fecharão suas portas e 80% dos produtos novos sairão de linha – a maioria, poucas semanas após o lançamento. Como já mencionamos anteriormente neste livro, quase 50% das decisões e dos novos projetos gerados no mundo empresarial não conseguem chegar sequer perto do resultado que deles se esperava.

A cada dia, novos produtos são lançados, projetos são iniciados, estratégias são implementadas e objetivos são estipulados.

Muitos acabam rendendo muito abaixo do que esperávamos. Algumas pessoas dizem que o motivo dos maus resultados é uma falha na execução. Outros argumentos incluem "Ei, pelo menos estamos tentando", "Se colar, colou" ou "Quem não arrisca não petisca". Não nos falta habilidade para construir nem coragem para tentar. A pesquisa sugere que o problema não é escassez de imaginação, ambição ou idéias. O que não temos é curiosidade para "pré-construir", "pré-lançar" e "pré-executar". A falta de curiosidade não é o único fator, mas é crucial. Assim como aquelas crianças que pacientemente esperam por uma recompensa melhor, quando usamos a disciplina e a paciência para resistir ao impulso de abraçar uma idéia assim que ela é lançada, damos à curiosidade tempo para respirar e, em decorrência disso, obtemos resultados melhores. Mas pôr em prática essa prudência é mais difícil do que parece.

Os problemas que enfrentamos todos os dias nos pressionam a fazer alguma coisa e é assim que deve ser. Mas a questão de *o que* fazer e *com que rapidez* merece mais atenção do que em geral tem recebido. Quando o ego está desequilibrado, julgamos saber mais do que de fato sabemos, o que bloqueia a curiosidade. Assim, investimos tempo, mão-de-obra e dinheiro antes da hora adequada. Por exemplo, o gerente de uma divisão de vendas achou que um treinamento poderia solucionar um problema que estava tendo com sua equipe de vendas. A seguir apresentamos uma transcrição da entrevista feita com esse gerente por Rosabeth Moss Kanter, da Harvard Business School:

KANTER: Que recursos são necessários para a implantação da sua idéia de um programa de treinamento de vendas?

GERENTE: Nenhum... Apenas escrevi as idéias durante um processo de treinamento.

KANTER: E quanto às informações?

GERENTE: Não sei do que a senhora está falando. Tive uma idéia e elaboramos o treinamento.

KANTER: Alguma pessoa se opôs ou fez críticas?

GERENTE: O gerente de outro departamento.

KANTER: Como foi que você lidou com essa oposição?

GERENTE: Disse que aquilo não era da conta dele.

KANTER: Você conseguiu convencer os "críticos"?

GERENTE: Não.

KANTER: Você enfrentou obstáculos ou maus momentos, quando tudo parecia que ia dar errado?

GERENTE: A idéia de um fracasso nunca me passou pela cabeça.

Parte do seu último comentário revela o problema subjacente: "nunca me passou pela cabeça". A apresentação de propostas de solução satura as conversas sobre negócios, e esse é o motivo de estarmos acostumados à presença delas e de elas passarem despercebidas. Mesmo fora do ambiente de trabalho, ficamos imersos em conselhos vindos de todos os lados da sociedade - política, religião, comunidade, televisão, rádio, internet, etc. - e esses conselhos são geralmente bem-intencionados. Mas, quer estejamos tentando eliminar uma prática que já não parece ser eficaz, criar valor ao fazer algo que nunca tentamos antes, aumentar ou reduzir a intensidade daquilo que estamos realizando no momento - em qualquer desses casos -, é preciso examinar as soluções recém-nascidas antes que elas sejam postas em prática. Com um número infinito de idéias mas recursos limitados, a inovação precisa ser avaliada primeiro e executada depois.

Qual é nosso dever de casa?

Em uma famosa reportagem do programa *Nightline*, da rede de televisão ABC, sobre a IDEO, uma empresa de design industrial, Ted Koppel e sua equipe criaram as condições perfeitas para o dever de casa ser ignorado. O *Nightline* deu à IDEO uma idéia: pediram que ela redesenhasse um carrinho de compras em rede nacional de televisão. A equipe de Koppel não podia imaginar nenhum outro produto que, apesar de usado pelo público com tanta freqüência, tivesse permanecido tão incrivelmente igual desde que fora criado. Isso gerou um excelente show e um bonito carrinho novo, mas o motivo de ter sido incluído neste capítulo foi a maneira como a IDEO reagiu às restrições que o *Nightline* impôs ao processo. Para início de conversa, o prazo concedido foi de apenas cinco dias, uma redução de cerca de 75% em um prazo típico nesse mercado. A IDEO não teve nenhuma ingerência sobre a escolha do projeto e todo o processo foi filmado para ser transmitido em rede nacional. Não havia esconderijos para onde correr nem a possibilidade de embromar.

O que mais nos impressionou foi uma "pequena" decisão que eles tomaram logo no início. Com a redução do prazo normal de desenvolvimento de produto, seria tentador dizer: "Veja, como temos um prazo insano, vamos pular a fase de pesquisas. Estamos falando sobre um carrinho de compras, certo? Todos nós já usamos um – talvez até mesmo na noite passada. É bem provável que já tenhamos andado em um na infância, ou seja, conhecemos o produto por dentro e por fora. Vamos ser criativos, fazer um brainstorm e construir esse negócio!" No entanto, por mais que entendessem de carrinhos de compras, eles tinham consciência de que o que "sabiam" podia ser uma desvantagem. "Não tenho dificuldade em fazer as pessoas de nossa empresa ficarem curiosas sobre coisas das quais elas não saibam nada", disse-nos o executivo de uma empresa da área de saúde. "É quando sabem muito sobre alguma coisa que elas fecham suas mentes."

Apesar do prazo mínimo, a IDEO fez questão de dedicar tempo à investigação de toda uma realidade complexa, e não apenas àquela que existia em suas cabeças: conversaram com clientes, proprietários de lojas, empacotadores, pessoal de manutenção e fabricantes. Por prestarem atenção, tirarem fotos, fazerem perguntas e ouvirem as respostas, descobriram diferenças não previstas que os levaram a uma verdadeira inovação. "É precisamente porque o inesperado nos tira de nossas noções preconcebidas, de nossas suposições e de nossas certezas", disse Peter Drucker, "que ele é uma fonte tão fértil de inovação." Como eles estavam ansiosos por manter distância de suas idéias prontas, o resultado dos esforços empreendidos pela IDEO foi extraordinário. Na realidade, as escolas de administração do mundo inteiro se referem a esse projeto da IDEO como um novo paradigma da mecânica moderna da inovação.

Caso você não conheça esse carrinho de compras, saiba que o que eles conseguiram foi algo admirável: rodas que giravam 360 graus para que uma pessoa não precisasse levantar a parte traseira do carrinho num lugar apertado; cestas removíveis que poderiam ser empilhadas e, com isso, reduzir o número de carrinhos roubados e aumentar o conforto na hora das compras; um formato mais seguro que impediria que as crianças se machucassem; uma estrutura mais leve e mais compacta para armazenamento; e diversas outras melhorias. De pé no meio da seção de hortifrúti de um supermercado, David Kelley, fundador da IDEO, disse: "Onde quer que você esteja agora, olhe à sua volta. A natureza é a única coisa que não foi projetada por alguém. Ou seja, as árvores não foram projetadas por nós, mas todas as outras coisas que você vê... todas as luminárias, todos os vasos de flores, todas as balanças, todos os balcões de frutas: tudo que tem design precisa passar por esse processo. Os designers podem fazer um trabalho melhor ou pior de inovação ou aperfeiçoamento, mas tudo o que é projetado deve passar por esse processo."

A teoria de Kelley não deve ser exclusiva de projetistas de produtos e engenheiros. Se olharmos em volta em nossas empresas, constataremos que qualquer sistema, estrutura, processo, estratégia, projeto ou iniciativa é resultado do projeto de alguém. O nível de curiosidade exerce um profundo impacto na excelência do resultado de qualquer processo de inovação que esteja sendo posto em prática e de qualquer produto que esteja sendo projetado.

Quatro maneiras de despertar a curiosidade

Como a idéia de "inovar ou morrer" está gravada na mente de todos os executivos e administradores, literalmente todas as empresas possuem processos dedicados e projetados para a inovação e o aperfeiçoamento – Seis Sigma, Gestão de Qualidade Total (TQM), tomada de decisões, resolução de problemas, pensamento crítico, criatividade e assim por diante. Qualquer que seja o processo utilizado, seu valor dependerá da qualidade da informação que flui nas conversas. O diretor de uma grande empresa que usa o programa Seis Sigma nos disse: "Nós conhecemos bem o procedimento. Ele é claro, bem definido e sabemos o que estamos fazendo – tecnicamente." Então ele suspirou: "Mas é o que acontece entre os seres humanos – nos 'espaços vazios' dessas etapas – que os faz funcionar realmente."

Por mais claras e bem estruturadas que sejam as etapas de um processo, o nível da curiosidade que motiva as conversas ao longo do caminho pode decidir o valor criado por elas. Nos espaços vazios dessas etapas, a curiosidade é uma incógnita. O que podemos fazer é seguir práticas destinadas a nos "fazer sair de nossas certezas" e aumentar a concentração de curiosidade nas trocas de idéias e conversas rotineiras. Essa curiosidade pode superar a desvantagem daquilo que já sabemos – revirar pedras, abrir novas páginas, manter a bola quicando –, para que possamos notar as pequenas oportunidades de esclarecimento que passam por nós todos os dias. Mas, antes de investigarmos essas práticas, cabe um alerta: o mero ato de fazer perguntas não significa que exista curiosidade. "Calcula-se que, na realidade, 40% de todas as perguntas sejam afirmações disfarçadas", diz William Isaacs, fundador do Projeto do Diálogo no MIT. "Outros 40% são opiniões disfarçadas. Apenas uma pequena percentagem das indagações são perguntas mesmo."

Por si só, o número de perguntas que fazemos não indica nosso grau de curiosidade. Este é medido em grande parte pela disposição que produzimos nos outros para revelar aquilo que eles realmente pensam e aceitar pontos de vista diversos – e que podem ser diferentes daqueles que temos atualmente. Lembre-se que a intenção percebida por trás de nossas perguntas exerce um grande impacto no limite máximo da curiosidade. Se os outros desconfiarem delas, devemos deixar clara a nossa intenção: não temos nada a esconder. Aqui estão quatro maneiras de aumentar o nível de curiosidade em conversas cotidianas quando "nos levantamos de nossos assentos e nos dirigimos para o fundo do avião":

1. O que queremos dizer? (clareza)
2. O que estamos vendo? (contexto)
3. O que estamos supondo? (suposições)
4. O que isso pode acarretar? (conseqüências)

Lembre-se: um traço da curiosidade de característica é que ela combina abertura e disciplina. Essas perguntas são elaboradas para fornecer ambas – dar estrutura à nossa curiosidade e, ao mesmo tempo, abrir cabeças. Se aprendermos a usar essas perguntas para provocar um estado de curiosidade, provavelmente desenvolveremos a curiosidade de característica com o passar do tempo.

1. O que queremos dizer? (clareza)

A primeira maneira de despertar a curiosidade se concentra na unidade básica da linguagem: a palavra. As palavras podem despertar nossa curiosidade ou, se não formos cuidadosos, nos fazer adormecer. Por exemplo, pegamos 500 gerentes e executivos de uma mesma organização e os separamos em 125 equipes de quatro pessoas. A seguir, escrevemos a palavra "liderança" num quadro e concedemos 90 segundos a cada pessoa, sem que elas pudessem se comunicar umas com as outras, para que escrevesse o máximo de palavras que captassem o significado da palavra "liderança" para elas. A seguir, pedimos que comparassem suas listas e vissem quantas palavras coincidentes havia em suas equipes. Uma palavra só era considerada coincidente se todos os quatro membros do grupo a tivessem mencionado. Quantas equipes conseguiram?

Uma.

Apenas uma equipe teve uma palavra coincidente. As outras 124 ficaram num redondo zero. Realizamos esse exercício durante anos, em cerca de 40 países, usando termos diferentes, como *confiança, estratégia, visão, administração de risco, identificação de marca, satisfação do cliente* e até palavras mais fáceis, como *pizza, família* e *cachorro.* Num dia bom, uma equipe pode ter uma ou duas coincidências – e, mesmo assim, apenas com as palavras mais fáceis. A falta de coincidências pode ser considerada tanto uma boa quanto uma má notícia.

Em uma das nossas sessões de liderança, após o fim desse exercício, uma gerente levantou a mão. "Acho que é muito bom não termos nenhuma coincidência", exclamou com orgulho, "e ficarei sentada aqui *o dia inteiro* sem coincidências se isso mostrar que temos diversidade de pensamento." Ela está certa. A boa notícia é que não há dúvidas quanto a vermos as coisas de maneira diferente e menos ainda quanto ao fato de precisarmos de diversidade. Mas de que serve a diversidade se não podemos acessá-la por falta de curiosidade suficiente sobre uma coisa tão simples quanto o significado de uma palavra? A má notícia é que achamos que todo mundo sabe o que queremos dizer. "O perigo na comunicação está na ilusão de que ela foi efetuada", disse George Bernard Shaw. Usamos palavras e acrônimos a torto e a direito como se fôssemos alcançar uma compreensão total, mas o significado de uma palavra é algo muito pessoal – e variado.

Quando achamos que temos certeza do que alguém quer dizer, podemos não estar tão certos quanto julgamos estar. Por exemplo, como consultores, durante uma conversa que tivemos com um grupo de executivos, frases como "melhor alinhamento com a nossa visão" e "precisamos ser líderes em inovação" eram bastante usadas. Em um determinado momento, alguém disse: "Não é preciso muito esforço para ver a confluência de fatores externos provocando mudanças importantes em alguns de nossos negócios tradicionais." As cabeças balançaram em concordância. O quê? Frases como essas pululam despercebidas pela superfície de uma reunião de 60 minutos. Não temos certeza do que elas querem dizer. "O que você quer dizer quando diz 'melhor alinhamento com a nossa visão'?", perguntamos. "O que significa para você ser um 'líder em inovação'?" Os executivos precisaram parar e pensar sobre o que queriam dizer. Ficou claro que *eles* também não tinham certeza absoluta.

Uma das tarefas mais desafiadoras que os gerentes enfrentam é conseguir fazer toda a equipe tocar pela mesma partitura, seja ela uma estratégia, uma visão, um alinhamento ou uma execução. Num esforço em busca dessa sincronização, muitos líderes repetem automaticamente a mesma mensagem sem parar, na esperança de que ela por fim seja entendida. Embora a intenção seja sincera e a repetição faça a mensagem ser *repetida*, o significado dela raramente fica *mais claro* por causa disso. Em seu livro *Ecologia da informação*, Thomas Davenport disse: "*Quanto mais* uma organização utiliza um termo ou um conceito relevante para seu negócio, *menor* será a probabilidade de haver um consenso geral sobre o significado dele."

Repetir não é a solução. Dissemos anteriormente que pessoas muito curiosas notam diferenças sutis que passam despercebidas pela grande maioria. As palavras são uma dessas sutilezas. Parece simples perguntar algo como "Quando dizemos que precisamos de melhor alinhamento com a nossa visão, o que queremos dizer exatamente?" – talvez até simplista. Por causa da simplicidade de questões desse tipo, é surpreendente a baixa freqüência com que elas ocorrem. A curiosidade sobre palavras é um nível de detalhe que não notamos por ser muito simples, e às vezes achamos que esses sentimentos deveriam ser reservados para questões maiores e processos mais sofisticados. Quando se trata de curiosidade, os detalhes contam.

2. O que estamos vendo? (contexto)

A segunda maneira de despertar a curiosidade é investigar o que está acontecendo ao nosso redor e afetando nossas decisões. O contexto é parte importante de qualquer situação. Imagine que, em uma reunião típica, alguém revele uma idéia. Em vez de discutir a idéia em si, a investigação do contexto requer a suspensão do debate sobre a idéia para que se possa obter o máximo possível de informações sobre aquilo que a *cerca*. Ao fazer isso, estamos promovendo um exame minucioso da idéia, e não a pondo em dúvida ou a desaprovando. Com ela em mente, nossa investigação vai confirmar seu valor ou expor seus pontos fracos. Talvez a idéia seja apenas "legalzinha", por exemplo, mas ignore por completo as necessidades do mercado.

Helen Greiner, co-fundadora da iRobot, desenvolveu para o Exército americano um robô que procura e desativa minas. Seu nome é Ariel e ele é dotado de tecnologias sensacionais. Ao término da demonstração "futurista" para o Exército, a reação do cliente foi dizer: "Bem, legal... só que ele não faz aquilo de que precisamos." A falta de foco no contexto do mercado trouxe para a iRobot uma reputação inicial de estar interessada em "inovar por inovar". Para dissipar essa impressão, a empresa precisou achar um ponto de equilíbrio entre a curiosidade sobre a tecnologia e a curiosidade sobre as necessidades do mercado. Em uma entrevista para Jena McGregor, da *BusinessWeek*, Greiner refletiu sobre a experiência. "Depois do Ariel, fui chamada para fazer uma demonstração para os Rangers e levei outro protótipo para ouvir sugestões dos soldados. Essas sugestões levaram ao projeto do nosso Pack-Bot, um robô que elimina bombas e ao qual se credita o mérito de ter salvado a vida de inúmeros soldados. Entregamos 500 deles", disse Greiner. "A inovação em nossa área pode nos levar na direção errada, para a da criação exótica. Aprendi a conversar com os usuários e a obter informações antes de iniciar um projeto." Fomos treinados a rapidamente iniciar um projeto após termos uma idéia. É nesse ponto que o controle do impulso pode ajudar. Ele nos impede de negligenciar a compreensão abrangente do contexto que afeta a própria forma de nossas idéias.

Deixar as idéias de lado para investigar o contexto pode parecer antiintuitivo, mas não é contraproducente. Podemos investigar o contexto fazendo perguntas como: "O que nos levou a acreditar que precisamos contratar um gerente de treinamento em horário integral?" Após fazer a pergunta, escreva as respostas que surgirem e não pare na primeira ou na segunda. Depois de reunir todas as respostas possíveis para a pergunta, olhe-as pelo avesso: será que podemos, nós ou qualquer outra pessoa, argumentar que algo nessa lista é verdadeiro? Quais evidências provam que o que estamos vendo ou ouvindo é verdadeiro ou falso? Podemos então pedir que outras pessoas leiam a lista e contestem nossas suposições. Como uma segunda pergunta, podemos indagar o que *não* sabemos sobre o que acabou de ser mencionado. Em geral, isso cria uma nova e valiosa discussão que revela mais um pouco sobre o contexto.

A investigação do contexto que cerca uma idéia pode parecer intelectualmente simples, mas é emocionalmente desafiadora. Em um estudo, pesquisadores descobriram que os grupos preferiam se agarrar às idéias que já tinham em vez de questioná-las. A força dos preconceitos depende das preferências anteriores da equipe. Quanto mais cedo chegavam a uma conclusão sobre determinada idéia, mais as pessoas tendiam a levar em conta apenas as informações que lhe davam suporte. Ou seja, se procurarmos apenas informações que legitimem nossos pontos de vista, excluiremos evidências que os contestem – seja por não enxergá-las, ocupados em procurar só o que nos interessa, seja por descartá-las quando as vemos.

Nesse processo de fazer perguntas, os quatro primeiros sinais de perigo do ego podem surgir a qualquer momento. Por exemplo, se você vir pessoas buscando aceitação e simplesmente concordando com qualquer coisa que seja dita, mostre-se contrário àquilo que você mesmo acabou de dizer. Um verdadeiro teste da curiosidade é a capacidade de aceitar outro ponto de vista com o mesmo interesse e a mesma intensidade que demonstramos em relação ao nosso. Se nossa intenção é inequívoca, devemos ser capazes de pôr de lado por algum tempo aquilo em que acreditamos, a fim de dedicar atenção total a um ponto de vista diferente. Se alguém se mostra defensivo ao ouvir a nossa pergunta e diz "Você está dizendo que essa é uma má idéia?", podemos esclarecer nossa intenção. "De forma alguma. Mas, embora *concordemos* que estamos desalinhados, pessoas que não estão nesta sala podem não concordar, e elas serão afetadas por nossa decisão. A partir de uma perspectiva empresarial, quero investigar o máximo de abordagens possível, principalmente porque precisaremos investir se avançarmos com a idéia."

3. O que estamos supondo? (suposições)

Testar suposições é a terceira maneira de aumentar a curiosidade em conversas. Isso significa um choque de realidade: será que as suposições que sustentam nossas crenças fazem sentido? Serão elas verdadeiras? Por exemplo, vamos imaginar que estamos selecionando um profissional para um cargo de gerência e alguém insiste que os candidatos precisam ter mestrado. Quais são as suposições? Uma das não testadas é a de que tal grau de conhecimento traria para nossa empresa a experiência de que necessitamos para o cargo. Podemos então perguntar: "Se contratarmos uma pessoa com um diploma de mestrado para este cargo, o que isso nos trará?" Talvez ouçamos respostas como credibilidade, conhecimento, clareza de metas, especialização técnica e inteligência. Para testar tais suposições, poderíamos fazer as seguintes perguntas:

- A sala de aula é o melhor lugar para uma pessoa aprender o que ela precisa saber para este cargo?
- Se uma pessoa tem mestrado, será que isso significa que ela tem capacidade para examinar problemas reais e pensar criativamente?

- Será que acreditamos que uma pessoa com mestrado e nenhuma experiência prática está mais qualificada do que uma com experiência de vida e nenhum diploma de pós-graduação?
- Será que um diploma de mestrado nos trará a credibilidade de que necessitamos em nossa cultura?
- Será que um diploma de mestrado garante que a pessoa é curiosa?
- Se contratarmos alguém com um diploma de mestrado, a probabilidade de acerto aumentará?
- Será que um diploma de mestrado é prova cabal do nível de inteligência de que precisamos?

Podemos até testar nossas respostas às perguntas que acabamos de mencionar. Por exemplo, se perguntarmos "Será que um diploma de mestrado é prova cabal do nível de inteligência de que precisamos?" e a resposta for sim, podemos aprofundar o teste das suposições – "Algum de nós por acaso já conheceu alguém que tivesse um diploma de doutorado e parecesse não ser tão inteligente quanto alguém com um diploma de graduação?", "Como saber se uma determinada pessoa possui o nível de inteligência de que precisamos?", "O que especificamente demonstra inteligência?". O fato de nossas respostas serem verdadeiras ou não é irrelevante. Mas, ao testarmos crenças, precisamos questionar a validade do pensamento que as criou e verificar se uma idéia específica é fundamental para a descoberta de uma solução.

4. O que isso pode acarretar? (conseqüências)

A última maneira de despertar a curiosidade é examinar uma idéia para descobrir o que ela pode provocar. Muitas vezes as pessoas se agarram com força a uma idéia não por estarem excessivamente envolvidas com ela, mas com o motivo por trás dela. Elas também podem estar preocupadas com as conseqüências de fazer ou não fazer alguma coisa. Quando o motivo por trás de uma idéia não fica claro, é comum debatermos o tópico errado.

Um exemplo pessoal disto ocorreu em um de nossos seminários. A diretora financeira da empresa em que estávamos trabalhando pediu que a ajudássemos com um assunto pessoal: ela desejava comprar um barco e seu marido era contra. Nosso colega (Joe) lhe fez várias perguntas para descobrir o motivo de ela querer comprar um barco. Para resumir, editaremos as perguntas dele e nos concentraremos apenas naquelas relacionadas à "perseguição":

JOE: Isto me parece ótima idéia. Vamos imaginar por um momento que você de fato tivesse um barco; o que isso lhe acrescentaria que você ainda não tem?

DIRETORA FINANCEIRA: Bem, não é muito complicado. Acho que um barco é uma diversão e uma forma excelente de passarmos mais tempo juntos, em família.

JOE: Entendo. E se vocês estivessem passando mais tempo juntos em família...?

DIRETORA FINANCEIRA: Eu teria mais tempo, sem que houvesse interrupções, para estar com as minhas duas filhas adolescentes.

JOE: E se você pudesse passar mais tempo com elas – pelo menos o tipo de tempo que você está pretendendo passar com elas –, o que isso lhe traria?

DIRETORA FINANCEIRA: Eu poderia ter mais influência em suas vidas. Acho que elas são como a maioria dos adolescentes e estão enfrentando alguns desafios na vida. Acho que poderia ajudá-las a atravessar esses tempos difíceis. Um barco seria uma ótima forma de passarmos mais tempo juntas.

JOE: Quer dizer então que, se você tivesse sobre elas a influência que gostaria de ter, e se realmente pudesse ajudá-las a atravessar tempos difíceis...?

DIRETORA FINANCEIRA: Acho que poderia ajudá-las a evitar sabiamente alguns erros. Acredito também que elas ficariam mais felizes e mais bem preparadas para serem mães quando tiverem seus próprios filhos.

JOE: E, se ficassem, a que isso levaria?

DIRETORA FINANCEIRA: *(agora visivelmente emocionada)* Eu sentiria, no fim da minha vida, que tinha sido tão bem-sucedida como mãe quanto sou como diretora financeira.

Após uma breve pausa, Joe lhe fez a seguinte pergunta: "Um barco é a única maneira de você conseguir o que quer?" A resposta foi não. Ela descobriu na conversa que – para ela – o acalorado debate sobre o barco não era de fato sobre o barco. Na superfície, parecia ser o motivo da discussão, mas no fundo era o que ela de fato desejava que estava gerando tanta intensidade, e não o objeto em si. O marido não sabia o que motivava o interesse dela e, por isso, eles discutiam sobre "o barco" quando não era isso, de modo algum, o que estava realmente em questão.

Imagine o que poderia ter acontecido se eles comprassem um barco. Talvez a visão dela de passar um tempo especial com suas filhas se concretizasse. É também igualmente possível que o resultado não fosse o que ela esperava. Quem sabe suas filhas detestariam sair de barco por causa da limpeza pesada que precisaria ser feita após cada passeio? Quem sabe se rebelariam, alegando que aquilo as impedia de estar com seus amigos? Se convidassem seus amigos para o barco, iam ignorar os pais para se dedicarem só a eles? Parece seguro apostar que, dois ou três anos depois, haveria expectativas não realizadas com o barco e uma compreensão ainda obscura do motivo de sua compra.

Ao usar a curiosidade para esquadrinhar mais aspectos, revelamos o *verdadeiro* motivo para uma idéia, como o barco do exemplo. A investigação nos revela possibilidades – inclusive outras formas de obter aquilo que queremos. De acordo com as pesquisas, 86% dos impasses avançam para o diálogo quando conseguimos chegar ao "sonho", ou ao propósito por trás de uma idéia. Podemos discutir e examinar idéias com mais vigor quando compreendemos a motivação por trás delas.

A alma da curiosidade

Assim como ocorre com qualquer princípio da egonomia, podemos agir mecanicamente ou nos dedicar com entusiasmo à curiosidade. Sem alma, técnicas são apenas itens a serem marcados numa lista. Aos 5 anos, eu (Dave) comecei a ter aulas particulares de piano. Como qualquer aluno, aprendi as escalas, os acordes, os exercícios de dedilhado e assim por diante – tudo projetado para que eu me tornasse um músico. Toquei em recitais e competições e me saí bem. Uma tarde, ao assistir a um recital de John Davis, um violoncelista que eu conhecia da minha cidade natal, fiquei extasiado enquanto o ouvia. Ele não tocou uma obra particularmente difícil ou elaborada. Não era nem mesmo uma música que eu reconhecesse. Mas, enquanto ele tocava, me emocionei. Foi então que percebi que ele tinha uma coisa que eu não tinha. As pessoas ouviam minha música, mas elas *sentiam* a dele.

No início, achei que era porque ele tocava havia mais tempo do que eu, ou talvez praticasse mais – e, assim, aumentei o meu tempo de estudos. Quanto mais eu praticava, mais me dava conta de que, embora tivesse capacidade técnica e pudesse tocar as notas com precisão, minha música não tinha vida. Mas isso mudou um dia. Arrasado por causa de uma experiência dolorosa em minha vida, busquei consolo na música. Fui para uma igreja antiga onde eu sabia que havia um piano de cauda e que estaria sozinho. Em meio à minha tristeza, escrevi a minha primeira canção e, mais importante, senti pela primeira vez a música brotando na minha alma em vez de nos meus dedos. A maioria das canções é inspirada por uma história cheia de emoção. Os músicos que não são curiosos e não se envolvem com a história podem ter uma admirável competência técnica, mas a música que produzem não vem de dentro deles. John Davis tinha alma, e a maneira comovente como tocava despertou a minha própria alma também. A curiosidade, quando sustentada pelo sentimento, penetra e se fixa inteiramente na maneira como fazemos negócios.

O currículo da curiosidade

Barry Diller é produto de uma intensa curiosidade. No mundo dos negócios, seus feitos são praticamente incomparáveis. Ele foi criado em Beverly Hills e começou sua carreira na sala de correspondência da William Morris Agency (uma agência literária e de talentos), depois de abandonar a faculdade após o primeiro semestre. Foi contratado pela ABC em 1966 e logo estava no comando das negociações de direitos de transmissão de filmes de longa-metragem. Três anos depois, foi promovido ao cargo de vice-presidente de desenvolvimento de programas e filmes. Lá, ele e seus colegas criaram o *ABC Movie of the Week* (Filme da Semana da ABC) e introduziram o conceito de filmes feitos especialmente para a TV. Após deixar a ABC, Diller trabalhou 10 anos como presidente e diretor executivo da Paramount Pictures. Com ele na liderança, o estúdio produziu inúmeros sucessos, de *Os embalos de sábado à noite* e *Nos tempos da brilhantina* a *Caçadores da arca perdida*, *Indiana Jones e o templo da perdição*, *Laços de ternura* e *Um tira da pesada*.

Em seguida, Diller ocupou os cargos de presidente e diretor executivo da Twentieth Century Fox. Em 1992, largou a Fox e pagou US$ 25 milhões por uma participação na QVC. Atualmente é presidente da Expedia e presidente e diretor executivo da InterActiveCorp, um conglomerado interativo de comércio e gerador de empresas como Home Shoppping Network, Ticketmaster, Match.com e Citysearch. Mas por que falar tanto de um currículo? Ouça o homem cujo currículo está naquilo que o gerou: "Para mim, na hora de decidir que rota seguir no mundo dos negócios, o que me move é sempre a minha própria curiosidade. É claro que é necessário ter também obstinação para usar essa curiosidade de maneira real e prática. Uma não funciona sem a outra." Em uma pequena entrevista para a revista *Business 2.0*, Diller mencionou a palavra curiosidade seis vezes e, na primeira vez que o fez, relacionou a eficácia da curiosidade à mistura de abertura e disciplina – curiosidade de característica, portanto.

Ao usarmos uma das quatro técnicas da curiosidade nas conversas, nós criamos um ambiente que desperta a curiosidade no cotidiano dos negócios. Se sustentado pelo sentimento, esse esforço diário provoca a mais alta concentração de curiosidade corporativa ao captar nuances que passam despercebidas pelos outros. Isso nos livra de investir tempo, energia e dinheiro em idéias e suposições não testadas. Como conseqüência, teremos mais recursos disponíveis para investir em projetos e produtos que verdadeiramente valham a pena.

Ao elevarmos o nível da curiosidade em nosso modo de pensar e de nos comunicarmos, é certo que ao longo do caminho saberemos de coisas que nem sempre serão fáceis de ouvir ou dizer. Isso não significa que elas não devam ser ouvidas ou ditas. Mas a dedicação da humildade ao progresso nos dá duas vantagens distintas ao dizê-las ou ouvi-las: a capacidade de aceitar verdades difíceis de serem ouvidas (veracidade) e a propensão a falar a verdade nos momentos mais difíceis. Nosso apetite pela veracidade é o terceiro e último princípio da egonomia e o tópico do capítulo final.

9. Curiosidade

pontos básicos

- Há dois tipos de curiosidade: "de estado" e "de característica". A curiosidade de estado – o tipo que a maioria das pessoas tem – espera por alguma coisa que a desperte. É temporária. Logo após sairmos do estado que a despertou, ela cessa. A curiosidade de característica, por outro lado, não espera ser despertada: está sempre desperta.
- As pessoas com curiosidade de característica possuem uma rara mistura de disciplina e abertura.
- Quando a disciplina supera a abertura, a curiosidade perde a liberdade para investigar o mundo. Mas, quando se sustenta apenas na abertura, a curiosidade perde estrutura e propósito. A curiosidade de estado requer partes iguais de ambas.
- Às vezes nosso desejo de curar ou consertar alguma coisa é exatamente o que se interpõe em nosso caminho.
- Não falta às pessoas capacidade para construir ou coragem para experimentar. As pesquisas indicam que em geral temos imaginação, ambição e idéias. O que nos falta realmente é curiosidade para "pré-construir", "pré-lançar", "pré-executar". Embora esse não seja o único fator, ele é crucial. Quando usamos a disciplina e a paciência para resistir à vontade de abraçar uma idéia prontamente, damos à curiosidade tempo para respirar.

- Todas as empresas possuem processos dedicados e projetados para a inovação e o aperfeiçoamento. O valor de um determinado processo depende da qualidade da informação que flui nas conversas.
- Por mais claras e bem estruturadas que sejam as etapas de um processo, o nível da curiosidade que motiva as conversas em seu curso estipula o valor criado por elas. Nos espaços vazios dessas etapas, a curiosidade não depende do processo.
- São quatro as maneiras de elevar o nível da curiosidade nas conversas do dia-a-dia, pela combinação de abertura e disciplina: 1) O que queremos dizer?; 2) O que estamos vendo?; 3) O que estamos supondo?; 4) O que isso pode acarretar?

10
Veracidade

Em algumas circunstâncias, a Covardia pergunta: "É seguro?" A Conveniência pergunta: "É político?" Então vem a Vaidade e pergunta: "É popular?" Mas a Consciência pergunta: "É correto?" E chega um momento em que uma pessoa precisa assumir uma postura que não é nem segura, nem política e nem popular. Ela o faz porque a Consciência lhe diz que é a certa. Nossas vidas começam a acabar no dia em que silenciamos sobre coisas que são importantes.

WILLIAM MORLEY PUNSHON

Você já notou que muitas vezes existe uma diferença entre o que os executivos acham que está acontecendo e o que os gerentes que estão na linha de frente *sabem* que está acontecendo – e vice-versa? E quanto às diferenças entre aquilo que o setor de marketing acredita que o mercado esteja pronto para receber e aquilo que o setor de vendas está convencido de que os clientes de fato querem? E quanto à ocasião em que você e um colega estão na mesma equipe, trabalhando no mesmo projeto, participando da mesma reunião – e, no entanto, mal conseguem ver qualquer coisa sob o mesmo prisma? E a distância entre a verdadeira competência de uma pessoa, a competência que ela mesma julga ter e o que todas as outras pessoas vivenciam? O que perturba é aquilo que não sabemos, e o que não sabemos está enterrado embaixo do medo de dizer algo que outra pessoa desconheça ou de ouvir algo que desconheçamos. A única maneira de eliminar essa distância é por meio da coragem de ambas as partes para revelar a verdade ou para ouvi-la e aceitá-la quando revelada. A veracidade constrói pontes sobre os abismos que o ego cria.

Amalgamada com a humildade e a curiosidade, a veracidade é o terceiro princípio de egonomia que mantém o capital do ego trabalhando para nós em vez de contra nós. *Veritas,* a raiz latina da palavra *veracidade,* significa "verdade". Se é assim, por que não chamá-la logo de *verdade,* se é isso que queremos dizer? A verdade se refere a fatos ou à realidade, implica precisão e honestidade. A verdade é uma meta. A veracidade não difere da verdade na meta, mas na ação. Envolve a *busca* habitual da verdade e a *adesão* a ela. A busca e a adesão são imensamente importantes: a busca, para chegar à verdade; adesão, para efetuar a mudança após a verdade ter sido descoberta. Vamos começar pela busca da verdade.

No mundo dos negócios, veracidade é a busca da *realidade* – a diferença entre aquilo que achamos estar acontecendo e aquilo que de fato está. Essa busca precisa ser implacável porque aquilo que é verdade no mundo dos negócios ou na ciência num determinado momento muda no momento seguinte. Nos anos 1980, a indústria de ovos entrou em declínio porque o colesterol era considerado a mãe de todos os alimentos não saudáveis. A seguir, como resultado de novas pesquisas, a ciência descobriu que existem dois tipos de colesterol, o bom e o mau, e por causa disso, de repente, os ovos voltaram a ser vistos com bons olhos. Na realidade, hoje em dia há quem os considere a "comida perfeita". No mundo dos negócios, é difícil imaginar um investimento em um produto que as pessoas podem obter com facilidade sem pagar por ele – como, por exemplo, a água. Se, 25 anos atrás, você fosse um executivo da Coca-Cola ou da Pepsi e alguém manifestasse preocupação com um novo concorrente que estava trazendo água pura para o mercado, o quanto você conseguiria ser aberto à nova idéia? E no entanto os americanos gastam mais de US$ 9 bilhões por ano em água engarrafada, pagando de 120 a 7.500 vezes mais pelo galão de água engarrafada do que pagam pela da bica. Com exceção dos refrigerantes, a água vende mais do que todas as outras bebidas. É por isso que, na veracidade, o termo básico é *busca*.

Repetindo o que Peter Drucker diz sobre a busca em seu livro *Inovação e espírito empreendedor,* aquilo que vemos precisa ser submetido a uma análise lógica rigorosa. Não basta ter intuição. Na realidade, a intuição é inútil se a usarmos como apenas mais uma forma de traduzir o que *queremos* que alguma coisa seja. A verdade é conseqüência da descoberta da diferença entre o que a maioria das pessoas acredita ser a realidade e o que se tornou a nova realidade. A descoberta da nova realidade exige a disposição de dizer o seguinte: "Não sei o suficiente para fazer uma análise, mas vou descobrir. Vou sair, olhar em volta, fazer perguntas e ouvir." Esses parecem ser passos simples – admitir que não se sabe, olhar em volta, fazer perguntas e ouvir –, mas, na prática, não são tanto assim. São apenas possíveis.

Kent Thiry, diretor executivo da DaVita, sedimentou uma cultura de veracidade e, por fazer isso, reconstruiu uma empresa. A DaVita é uma das maiores cadeias de clínicas de hemodiálise nos Estados Unidos e atende pacientes que sofrem de problemas renais crônicos. Quando assumiu a direção da DaVita, em outubro de 1999, "a empresa estava tecnicamente falida", ele disse. "Ela estava sendo investigada pela SEC (Comissão de Valores Mobiliários), processada pelos acionistas, tinha um rotatividade de funcionários duas vezes maior do que os níveis médios do mercado, estava quase sem dinheiro em caixa e, de modo geral, não era o mais feliz dos lugares. Estávamos a três semanas de não conseguir fechar a folha de pagamento. Se os bancos tivessem exigido um desembolso significativo, teríamos tido de fechar as portas. Eles só não fizeram isso porque estavam preocupados com a possibilidade de nunca mais receber seu dinheiro se o fizessem." Com Thiry como diretor executivo, o valor de mercado da empresa cresceu de US$ 200 milhões para quase US$ 5 bilhões. A rotatividade de funcionários caiu pela metade e a DaVita supera a média do mercado nacional de resultados clínicos.

Thiry está sempre disposto a pôr na mesa fatos desagradáveis, mesmo quando ninguém mais o faz. Em um encontro anual de milhares de funcionários, ele perguntou se tinha sido "divertido" absorver uma empresa do setor de saúde adquirida recentemente. Os funcionários responderam: "Sim!" Em tom de incredulidade, ele retrucou: "Ou vocês estão todos drogados ou estão melhor do que eu, porque essas integrações são um terrível pesadelo." Tanta honestidade transmite uma mensagem clara: "Se você não falar, falo eu." Com o passar do tempo, isso traz para uma cultura um novo nível de licença para que se revele o que está realmente acontecendo.

Na busca da verdade, Thiry demonstra grande apetite por ela – boa ou má – até quando diz respeito a si mesmo. Ao ter seu próprio desempenho avaliado por 13 executivos seniores, recebeu uma "nota baixa" por revelar informações demasiadamente negativas. "Eles admitem que não sou mais duro com eles do que sou comigo mesmo", ele disse em um artigo escrito por Carol Hymowitz para o *Wall Street Journal*, "mas dizem que minha negatividade não é construtiva." Como aquele era o terceiro ano em que ouvia os mesmos comentários, Thiry introduziu um "cartão de comentários diários para lembrar a si mesmo e efetuar mudanças." O que é impressionante não é só a cultura da veracidade que Thiry construiu, mas sua sinceridade ao reconhecer, e aceitar, a dura verdade sobre si mesmo num espaço tão público quanto uma entrevista para o *Wall Street Journal*. Teria sido fácil ocultar o problema. Ele não o fez.

Está com um vazamento?

Para descobrir o que diferencia a nossa própria versão da realidade da realidade verdadeira, de que forma podemos induzir as pessoas a investigar o que vemos, e como ouvir quando solicitados – principalmente quando a verdade é difícil de dizer ou desagradável de ouvir? Há duas perguntas a serem respondidas nessa busca: quando é que *não* queremos a verdade e por que não a queremos?

A falta de veracidade no mundo dos negócios está associada a uma crise de identidade. Uma rápida metáfora explica o porquê. Digamos que você vá sair de férias. Planejou cuidadosamente a longa viagem de carro e marcou, no mapa, todos os lugares que quer conhecer. Antes de partir, você checa o nível do óleo, a pressão dos pneus, o estepe, etc. Após completar um terço do caminho, pára para reabastecer o carro e comer alguma coisa. Está saindo da lanchonete do posto de gasolina quando vê alguém acenando para você. Essa pessoa diz: "Acho que seu carro está com um vazamento." Qual seria a sua reação? Mais do que qualquer outra coisa, ela deveria ser de interesse e gratidão: "É mesmo? Onde? Está vazando muito? Obrigado por me avisar." Mesmo que você fosse um especialista em mecânica e tivesse verificado tudo antes da viagem, é claro que nesse momento você iria checar se o carro tinha mesmo um vazamento ou não.

Pode ser que, numa inspeção mais cuidadosa, você descubra que seu carro não tem vazamento algum, que foi tudo um alarme falso. Esse desfecho, o de não haver nada errado com o carro, é inteiramente satisfatório – na verdade, o deixa feliz. Mas, se de fato houver um vazamento, você também ficará contente por alguém tê-lo apontado e aliviado por não descobrir o problema mais tarde, quando estivesse no meio do nada.

No entanto, nosso modo de agir muda quando estamos em nosso ambiente de trabalho.

Por exemplo, digamos que você tenha desenvolvido uma estratégia comercial e alguém lhe diga: "Essa estratégia não vai funcionar. Ela não leva em consideração o declínio do mercado neste momento nem as mudanças nas preferências do comprador." Em relação à nossa atitude no caso do vazamento no carro, ficamos tentados a reagir de forma diferente ao comentário neste caso porque não o encaramos como ele espera ser encarado – como uma observação útil. Achamos que ele projeta uma luz desfavorável sobre quem somos e desafia nossa identidade. **Se não levamos para o lado pessoal o comentário sobre um possível vazamento em nosso carro, por que o fazemos quando se trata de uma estratégia que elaboramos?** Parte do motivo é que não controlamos o que acontece com nossos carros; um problema pode surgir a qualquer momento. Num ambiente corporativo, ao contrário, pressupõe-se que estejamos no controle. Quando alguém nos aponta uma deficiência, sentimos que deixamos de exercer esse controle de modo eficiente. Achamos que o "vazamento" questiona nossa capacidade. A barreira à veracidade não é que as pessoas não consigam enxergar a verdade ou expressá-la. Então onde está o problema? Na reação à verdade quando ela é revelada.

A lei do silêncio

Como conseqüência da reação típica à sinceridade, a maioria das pessoas considera arriscado revelar a verdade. Num estudo sobre o motivo de os funcionários hesitarem em revelar suas opiniões feito por Amy Edmondson, da Universidade Harvard, e James Detert, da Universidade Estadual da Pensilvânia, os autores disseram: "Os funcionários não param de fornecer idéias ou informações por 'não estarem nem aí', mas por medo." O trabalho deles teve origem numa avaliação feita com cerca de 50 mil funcionários de uma empresa, que revelou que cerca de 50%, do conselho de diretores à sala dos contínuos, não se sentiam seguros para revelar o que pensavam ou contestar os modos tradicionais de ação. Entre 190 entrevistas com esses funcionários, veja alguns exemplos das razões que eles alegaram para não dizer o que pensavam:

- Eu tinha uma idéia sobre como melhorar a eficiência da nossa produção e queria apresentá-la ao nosso gerente local em uma reunião. Mas eu tinha muito medo porque, às vezes, ele grita "Esta é uma idéia imbecil!", como um pai zangado quando os filhos fazem alguma sugestão. Como sou um dos supervisores, não estou no sindicato e, portanto, sei que se não gostarem do que eu disser poderão facilmente se livrar de mim. É por isso que não digo o que penso e fico zangado e desapontado.
- Você tenta dar um retorno sobre aquilo que está ouvindo do mercado a respeito de um produto. Mas o setor de marketing e os outros lá dentro não querem ouvir... Se, numa reunião, você comenta alguma coisa, eles tacham você de negativo demais e você fica praticamente proibido de falar qualquer outra coisa. Aí você pensa: "Eles deveriam me acompanhar por alguns dias e ouvir o que os clientes estão dizendo, mas não querem fazer isso porque é negativo demais."
- Tentei aprofundar uma análise de mercado e o diretor local começou a gritar comigo. Eu deveria ter falado mais, mas não o fiz porque não é possível prever as reações daquele homem. Ele é imprevisível. Eu temia um incidente

muito desagradável e não estava a fim de brigar – porque, em geral, não sinto dificuldade em defender minhas idéias. Mas quando estou numa situação em que não consigo controlar o problema, porque o problema é emocional, não posso fazer nada.

- Eu não queria forçar a barra. Não queria que o desgraçado me demitisse. Ele seria bem capaz de pegar a droga do meu crachá e me demitir naquele momento. Não posso me dar ao luxo de perder meu emprego.
- Quando entrei para a equipe, eu estava muito entusiasmada. Tenho muita experiência e estava procurando formas de melhorar as coisas – fazendo muitas perguntas. "Então quem é responsável por isso e como é que isso funciona e por que não está funcionando? E por que não fazemos isso desta maneira?" [*Começa a chorar*] Porque eu me importo muito com esta empresa. Me disseram que os meus comentários e as perguntas que eu fazia estavam deixando os outros desconfortáveis. Meu chefe me pediu para pensar muito sobre qualquer coisa antes de falar. E para mim isso não é seguro. Se tenho que pensar tanto sobre tudo antes de falar, então não é seguro.

Emoções como medo, ansiedade, frustração, raiva e desconfiança surgem quando as pessoas acham que não é seguro revelar o que pensam. As situações variam muito, mas os sentimentos por trás delas não. Ninguém gosta de fingir apoiar uma idéia que, em sua opinião, não vai dar certo, principalmente quando se sabe alguma coisa que os outros não sabem e que impedirá aquilo de funcionar. Se as pessoas não acreditarem que alguém lhes dará ouvidos ao manifestarem suas opiniões, elas permanecerão caladas enquanto projetos ruins ou deficiências corporativas drenam o lucro da empresa. Vigora então a lei do silêncio.

Descobrir a veracidade

Para que a busca e a adesão à verdade se tornem um hábito, precisamos de duas habilidades específicas: *ouvir o que está sendo dito* e *revelar nossas opiniões*. Um cliente nosso intermediou um seminário para líderes seniores de equipes de negócios. Quando se discutia a responsabilidade de revelar o que pensamos e ouvir o que está sendo dito, um dos supervisores disse: "Não me sinto confortável em dizer o que penso o tempo todo. Minhas idéias são abatidas a tiros na maioria das vezes. E, quando eu de fato digo o que penso, sou visto como o agitador do grupo." Seu tom era frio e indiferente.

Um silêncio nervoso se abateu sobre o grupo. Após o que pareceu uma eternidade, o mediador disse: "Bem, você acabou de revelar o que pensa sobre como está se sentindo agora. Diga-me por que o fez." "Não vai fazer nenhuma diferença", ele respondeu. "Talvez", interpôs o gerente geral, "isso ocorra porque as idéias que você apresenta não sejam bem desenvolvidas e não estejam fundamentadas por uma verdadeira pesquisa – o que você acha?" O mediador pediu um intervalo e puxou de lado o gerente geral, que então se queixou do supervisor. "Aquele é um dos caras que simplesmente não se encaixam na nossa cultura", disse. "Você ouviu o jeito dele de falar. Ele não sabe transmitir uma mensagem de maneira correta. Eu sou o gerente geral – ele deveria respeitar isso." O mediador lhe perguntou se alguma vez ele tinha levado em consideração o conteúdo das mensagens do supervisor, sem prestar tanta atenção à maneira como ele falava. "Já discuti isso com ele inúmeras vezes", foi a resposta. "Ele é o tipo de pessoa que realmente não escuta."

"Isso não responde à minha pergunta, na verdade", retrucou o mediador. Incrédulo, o gerente geral perguntou: "Você está dizendo que sou o culpado por isso?" "Não", nosso cliente respondeu, "não estou dizendo que seja culpa de alguém. Estou apenas demonstrando curiosidade sobre o *conteúdo* das mensagens dele. Deixando de lado o jeito dele de falar, você alguma vez refletiu sobre a legitimidade do que ele diz?" "Não", declarou peremptoriamente o gerente geral. "Por que deveria?" Depois da palestra, nosso mediador teve conversas particulares com o gerente geral e com o supervisor. Falou ao primeiro sobre a importância de ouvir o que está sendo dito, refletir sobre o conteúdo da mensagem e, se necessário, desconsiderar a maneira pela qual a mensagem é revelada ou transmitida. Lembrou ao gerente geral que não levasse tudo para o lado pessoal. Também conversou com o supervisor sobre a maneira como ele transmitia sua mensagem, como revelava o que pensava, e o advertiu sobre o risco de levar tudo para o plano pessoal. No fim, ambos concordaram que havia muita coisa que cada um deles precisava aprimorar e que seus egos se intrometiam naquilo que devia ser o foco principal – a empresa.

Ao usarmos as frases *o que está sendo dito* e *o que pensamos a respeito de alguma coisa*, estamos nos referindo a relacionamentos de trabalho e não a nosso valor como pessoas. Todo mundo precisa se reportar a alguém ou tem alguém que se reporta a ele. *Ouvir o que está sendo dito* significa que ouvimos de uma forma que estimula as pessoas que se reportam a nós a revelar o que pensam sobre determinado assunto e impede que a busca de aceitação seja a mais alta prioridade – deles ou nossa. *Revelar o que se pensa* requer uma relação de candura com aqueles a quem nos reportamos, sem colocar em risco qualquer uma das partes. As pessoas tendem a confundir críticas às suas estratégias com críticas às suas identidades. Sendo assim, precisamos revelar o que pensamos de uma forma que não faça os outros se mostrarem defensivos nem tentarem exibir superioridade por meio da contestação ao que lhes revelamos. Quando executada da maneira correta, essa revelação de nossas opiniões abre as mentes para que a verdade possa ser ouvida e selecionada entre diversos pontos de vista.

Ouvindo o que é dito

Na busca do progresso empreendida pela humildade e nos mergulhos mais profundos da curiosidade, descobriremos provavelmente questões que preferiríamos não ter descoberto. **Um dos principais empecilhos a ouvir o que está sendo dito é a crença de que discordar significa ser desleal. Quando vemos a discordância como deslealdade, fechamos nossas mentes.** Discordar do ponto de vista vigente, ou se opor à motivação por trás de uma idéia, não significa que aquele que discorda não pertença à equipe. Na realidade, ele pode ser o nosso melhor recurso.

Vamos voltar 2.500 anos, para uma era em que a discordância era geralmente vista como deslealdade e, por isso, quase inaceitável. Em seu tempo, Alexandre, o Grande, derrotou a maioria das nações poderosas do mundo. Entre essas nações, a Pérsia foi a mais difícil, basicamente por causa do seu poderio militar e da inteligência de seu rei, Dario. Após várias batalhas, Alexandre finalmente derrotou Dario e acrescentou o trono persa à sua coleção. Mas, poucos anos após essa vitória, Alexandre morreu. Logo após sua morte, os gregos se retiraram da Pérsia. Como Dario tinha morrido na batalha, seu filho Xerxes assumiu o trono.

O restabelecimento do poderio persa era o primeiro item na lista de prioridades de Xerxes. Ele começou a conquistar nações, mas, apesar de todas as suas vitórias, achava que a Pérsia continuaria sendo uma nação inferior até que ele conquistasse o que seu pai Dario não tinha conseguido: a Grécia. Segundo Heródoto, Xerxes reuniu seus generais para revelar suas intenções:

> *Por esta razão eu os reuni agora, para lhes transmitir o que desejo fazer. A minha intenção é... conduzir um exército Europa adentro para lutar contra a Grécia e, assim, me vingar dos atenienses pelos crimes que cometeram contra os persas e contra meu pai.*

Após a declaração de Xerxes, um membro do conselho chamado Mardônio respondeu:

> *Na verdade, meu senhor, o senhor supera não apenas todos os persas vivos, mas todos aqueles que ainda não nasceram. Muito verdadeira e correta é cada palavra que o senhor acabou de pronunciar... mas melhor que tudo é sua decisão de não permitir que os gregos que vivem na Europa – um bando de inúteis – continuem a zombar de nós.*

Porém nem todos os presentes sentiam o mesmo entusiasmo que Mardônio. Muitos dos generais tinham estado ao lado do pai de Xerxes quando ele lutara contra os gregos e ainda se lembravam da brutal derrota. No entanto, apesar dessas recordações, a maioria dos membros do conselho permaneceu em silêncio por medo de discordar do desejo de Xerxes. Um único homem, chamado Artabano, que também lutara contra os gregos com Dario, rompeu o silêncio:

> *Ó Rei! É impossível, quando nada além de uma opinião é proferida, tomar a melhor decisão: um homem é forçado então a seguir qualquer conselho que lhe tenha sido dado.*

A seguir, Artabano fez Xerxes se lembrar dos terríveis problemas que a Pérsia tinha enfrentado ao lutar contra os gregos e da falta de justificativa para outra guerra.

> *Não pense mais em se expor a um perigo tão grande quando não há necessidade, mas siga o conselho que ofereço. Encerre esta reunião e,*

após o senhor ter refletido bastante sobre o assunto e, por fim, decidido o que fará, transmita-nos sua decisão.

Esse foi o teor da discordância de Artabano. Veja agora como ele demonstrou sua lealdade.

Se, no entanto, precisarmos lutar contra este povo, pelo menos aceite que o rei permaneça em casa, na Pérsia. Permita que Mardônio e eu arrisquemos nossos filhos nesta guerra, que escolhamos os seus homens e conduzamos nossos exércitos para a batalha com o número de soldados que o senhor julgar necessário.

Apesar da lealdade, Xerxes não ficou exatamente satisfeito com a veracidade.

Artabano, és irmão do meu pai – isso te poupará de receber aquilo que mereces por tuas palavras tolas [talvez a prisão ou a morte]. Uma vergonha, no entanto, impor-te-ei, covarde e medroso como és – não virás comigo para lutar contra esses gregos. Permanecerás aqui com as mulheres.

A seguir, Xerxes encerrou a reunião. Contudo, o conselho de Artabano "o deixara perturbado". Na manhã seguinte, Xerxes reuniu novamente seus líderes.

Homens da Pérsia, perdoem-me por modificar a decisão que tomei recentemente. Considerem que eu ainda não atingi o pleno crescimento da minha sabedoria e que aqueles que me incentivam a entrar nesta guerra não me deixam em paz por um único momento. Quando ouvi o conselho de Artabano, meu sangue jovem de repente ferveu; e eu lhe disse palavras pouco adequadas à sua idade; agora, no entanto, confesso o meu erro e a minha decisão de seguir seu conselho. Compreendam então que mudei a minha intenção de declarar guerra à Grécia e parem de se preocupar.

"Ao ouvirem essas palavras", relata o historiador Heródoto, "os persas ficaram muito felizes." Dois mil e quinhentos anos depois, o mesmo perigo de confundir discordância com deslealdade continua a existir.

A gerente de uma central de atendimento telefônico estava revelando o esboço de um plano de incentivos de desempenho a um grande grupo de funcionários. Não houve muitos comentários, bons ou maus, enquanto o descrevia. Inquieta com o silêncio, ela insistiu em ouvir opiniões sobre o plano, e finalmente dois funcionários manifestaram suas preocupações sobre certos aspectos dele. Ela agradeceu a eles por terem revelado o que pensavam. Após a reunião, os dois se aproximaram e lhe pediram desculpas por não a terem apoiado. A gerente explicou então que aquilo que tinham dito era exatamente o que ela buscava saber e lhes assegurou que seus pedidos de desculpas não eram necessários. Ela percebeu que precisava mudar a crença de que debates, divergências e discordâncias são sinônimos de falta de apoio. **A verdadeira deslealdade está em calar quando algo deve ser dito.**

A positividade da negatividade

Na maior parte das vezes, discordância não significa deslealdade. Quase sempre há uma intenção positiva por trás de um comentário negativo ou de um ponto de vista diferente. Quando aqueles que se reportam a nós revelam o que pensam, podemos achar difícil ouvi-los se percebermos o que dizem como algo ruim. No entanto, em geral as verdades difíceis de ouvir, não importa o quão negativas, são outra maneira de expressar valores positivos. Se as pessoas reclamam que a burocracia governamental atrapalha, elas estão, ao mesmo tempo, manifestando um desejo de liberdade para que possam realizar mais. A fim de criar uma cultura em que a verdade seja ouvida, precisamos ver o lado positivo dos fatos negativos.

Dizendo o que se pensa

Na nossa busca da verdade, ouvir o que está sendo dito por nossos subordinados é apenas metade da equação. Se quisermos que aqueles que estão "acima" ouçam o que está sendo dito, os que *emitem essa opinião* têm tanta responsabilidade quanto os que deveriam estar escutando. São muitas as pessoas que poderíamos apontar como exemplos de quem diz o que pensa, mas poucas seriam melhores do que Edward R. Murrow. Talvez ele seja a figura mais ilustre da história do jornalismo nas telecomunicações. Sua carreira começou na CBS em 1935 e passou pela transmissão de notícias por rádio e televisão. Em 1961, ele deixou a CBS para se tornar diretor da Agência de Informação dos Estados Unidos, durante a presidência de John Kennedy. Naquela época, seus colegas já se referiam a ele como "modelo de coragem, integridade, responsabilidade social e excelência, representante dos mais altos ideais tanto do jornalismo de rádio e televisão como também da indústria de telecomunicações em geral". Em seu livro *The Powers that Be,* David Hallberstam, jornalista ganhador do Prêmio Pulitzer, comentou que Murrow era "uma dessas raras figuras legendárias que eram tão boas quanto o seu mito".

Numa época em que o senador Joseph McCarthy estava publicamente acusando inúmeros cidadãos americanos de serem comunistas – com pouca ou nenhuma prova – e permanecendo impune, Murrow dizia o que pensava apesar do risco que corria de se tornar o próximo alvo de McCarthy. Contudo, é importante notar que Murrow não dizia o que pensava apenas para aqueles de quem discordava ou que estivessem a certa distância. Em

15 de outubro de 1958, em um jantar em sua homenagem e cercado por colegas que estimava e com os quais trabalhava, ele fez uma precisa avaliação de seu próprio ramo de atividade. Leia este trecho de seu discurso e repare como ele escolhe as palavras para dizer o que pensa:

> *Isso talvez não sirva para ninguém. No final deste discurso, algumas pessoas poderão acusar este repórter de enlamear sua própria e confortável casa, e a organização em que trabalha poderá ser acusada de dar guarida a pensamentos hereges e até perigosos. É meu desejo, se não minha obrigação, tentar me dirigir a vocês, jornalistas, com alguma sinceridade sobre o que está acontecendo ao rádio e à televisão. Se aquilo que preciso dizer for considerado uma irresponsabilidade, então serei o único responsável por cometê-la. Não existe aqui nenhum fundamento razoável para uma queixa pessoal. Não tenho conflitos, seja com meus empregadores, patrocinadores ou críticos profissionais do rádio e da televisão, mas me vejo tomado por um medo constante quanto ao que esses dois meios de comunicação estão fazendo à nossa sociedade, à nossa cultura e à nossa herança.*
>
> *A nossa história será aquilo que construirmos. E se, daqui a uns 50 ou 100 anos, houver algum historiador, e as gravações de uma semana de todas as três redes tiverem sido preservadas, ele irá encontrar gravadas, em preto-e-branco ou em cores, evidências da decadência, do escapismo e do isolamento das realidades do mundo em que vivemos. De modo geral, a televisão nos isola da realidade. Se este estado de coisas perdurar, poderemos alterar um conhecido slogan de propaganda para: OLHE AGORA, PAGUE DEPOIS.*

Murrow dizia o que pensava para aqueles que trabalhavam com ele, para seu empregador e para qualquer um que precisasse ouvir – inclusive para si mesmo. Não temia o que os outros poderiam achar. Falava com sinceridade, de frente, e abria as mentes à verdade.

Se quisermos que as pessoas abram suas mentes à verdade, precisaremos tanto da humildade e da coragem para revelar o que pensamos quanto os outros precisarão delas para ouvir o que está sendo dito. Quando revelamos nossas opiniões, aquilo que dizemos, como o dizemos e o que pretendemos com isso produzem um grande impacto no desenrolar da conversa. Embora seja verdade que algumas coisas talvez não devam ser ditas, muitas vezes o silêncio sufoca o progresso. A maioria de nós já participou de reuniões em que o silêncio prevaleceu embora todos soubessem que a verdade estava sendo evitada. Há diversas razões para nos mantermos calados: "o silêncio vale ouro", "seguro morreu de velho", outra pessoa dirá o que pensa, eles provavelmente já sabem disso, não fará a menor diferença mesmo, eles têm o poder, você é novo, eles são novos, tememos o desconhecido e assim por diante.

O medo é uma das principais razões para não revelarmos o que pensamos. São dois os medos básicos que nos mantêm calados: o medo de sermos rotulados e o medo de dizer o que não tememos pensar.

O medo de ser rotulado

Não revelamos o que pensamos por medo de que nos rotulem. Tememos que o ato de mencionar algo negativo signifique ser pessimista ou que, sendo totalmente honestos, não seremos "simpáticos". Ou talvez pensemos que, ao afirmar o elementar ou fazer uma pergunta óbvia, possamos parecer ignorantes ou mal-educados. Quando fazemos um grande esforço para controlar aquilo que os outros pensam a nosso respeito, esse zelo acaba por matar a verdade. O medo que sentimos e que nos impede de manifestar nossas opiniões me foi claramente ilustrado quando eu (Steve) era calouro na faculdade.

Eu tinha aula de psicologia básica num auditório que comportava mil alunos. O professor ficava num tablado com um microfone e um projetor de slides e ensinava a matéria do dia. Era raro alguém formular perguntas; apenas fazíamos anotações e testes. Um dia, enquanto o professor falava, não consegui entender seu raciocínio. Olhei em volta para ver se havia mais alguém na mesma situação. Mas todos, inclusive os amigos sentados perto de mim, pareciam estar entendendo. Assim, continuei a olhar estupidamente para o tablado lá embaixo. Como ninguém parecia estar tomando muitas notas, supus que o que estava sendo dito fosse muito simples ou irrelevante. Além disso, disse a mim mesmo que provavelmente era a única pessoa no auditório que não estava entendendo.

Alguns minutos depois, eu continuava sem conseguir acompanhar o raciocínio. Por fim, em desespero, levantei minha mão, disse ao professor que não estava entendendo e fiz uma pergunta sobre o que ele tentava explicar. Minha pergunta não era desprovida do medo de parecer "burro" ou desatento. O professor me agradeceu e começou a explicar a matéria de novo, só que de outro ângulo. Foi aí que comecei a compreender o que ele estava dizendo, e notei que quase todos os outros alunos se punham a tomar notas freneticamente. Eu não era o único que tinha boiado. Quando sentimos a pressão de nossos colegas, auto-impostas ou não, não fazemos perguntas nem revelamos o que está em nossas mentes por temermos ser rotulados. A perda da veracidade é muitas vezes o preço que pagamos para manter uma imagem – a nossa ou a de outra pessoa.

O medo de dizer o que não tememos pensar

O segundo motivo de não revelarmos nossas opiniões é um tipo de medo diferente. Eu (Dave) aprendi isso apanhando. Em uma análise de desempenho, pedi sugestões específicas sobre o que poderia fazer para ser promovido. Recebi algumas poucas sugestões gerais e me foi dito: "É só uma questão de tempo. O seu futuro nesta empresa será brilhante." As análises de desempenho subseqüentes não foram nada diferentes. Contudo, nesse meio-tempo, vi três colegas que estavam em outras equipes serem promovidos antes de mim. Aquilo me deixou furioso com meu chefe. Pensei comigo mesmo: "É óbvio que ele sabe por que os outros estão progredindo. Se estão fazendo alguma coisa que eu não estou, por que ele não me diz o que é – principalmente quando lhe peço abertamente para me dar um feedback nesse sentido?" Como aquilo era frustrante, decidi me tornar bom em dar feedback aos outros. Foi quando me dei conta de um medo que, até então, eu não tinha percebido inteiramente.

Para serem relevantes, comentários desse tipo precisam ser específicos e verdadeiros. O que me surpreendeu – e esse é o motivo inesperado de não revelarmos o que estamos pensando – foi *quanto eu sentia medo* de dizer aquilo que não tinha medo de pensar. É difícil dizer para um colega: "Não acho que você mereça crédito pelo sucesso desse projeto. Na realidade, você atrapalhou mais do que ajudou." Não é difícil pensar tais coisas, mas a história é bem diferente quando temos de dizê-las. Na verdade, até líderes acham difícil revelar o que pensam – inclusive para aqueles que eles lideram.

Dois pré-requisitos para dizer o que estamos pensando

Um fator importante para fazer as pessoas ouvirem o que estamos dizendo é a percepção que elas têm dos nossos motivos. Vamos retornar à nossa analogia do posto de gasolina por um momento. Se dissermos a um desconhecido que o carro dele está com um vazamento, haverá dois motivos principais para ele se mostrar receptivo ao que estamos dizendo: nosso comentário nasce de uma preocupação e não tem motivo interesseiro ou crítico (não temos nada a ganhar nem a perder dizendo aquilo) e nossa observação, que pode ou não estar correta, não afeta sua identidade: é sobre um objeto – o carro dele – e diz respeito a algo que nós vimos e ele não.

Agora imagine como a reação mudará se o abordarmos para dizer o seguinte: "Você realmente fez uma droga de trabalho ao amarrar aquela carga. Pode causar um acidente se a carga se soltar. Precisa consertar aquilo." Nesse momento ele vai entender que sua capacidade, sua inteligência, seus critérios de julgamento estão sendo atacados: sua própria identidade corre perigo. E aí entramos num território bem diferente. Nosso motivo percebido para revelar o que estamos pensando e a maneira como o fazemos aumentam ou diminuem drasticamente a probabilidade de nossa mensagem ser ouvida e respeitada.

A linguagem da revelação

Ao revelar o que pensa a respeito de alguma coisa, diga o que for difícil dizer de uma forma que não produza reações. Ou seja, exponha fatos desagradáveis sem *ser* desagradável. A maneira como revelamos o que estamos pensando não elimina o medo, mas nos permite expressar o que está em nossas mentes de uma forma que reduza os riscos. Aqui estão três passos projetados para manter as mentes abertas ao ouvir esse tipo de revelação:

1. Peça permissão.
2. Esclareça sua intenção.
3. Seja sincero.

Dependendo do contexto e do seu relacionamento com as pessoas envolvidas, é possível que você não precise dos três, mas provavelmente precisará de pelo menos um.

1. Peça permissão

De acordo com uma pesquisa do Dr. John Gottman, o tom dos três primeiros minutos da discussão permite prever como um problema acabará, às vezes num prazo de até cinco anos após ter surgido. Gottman tem uma regra: "Se a coisa começa negativa, permanece negativa." Quando as pessoas percebem que estamos procurando alguém para culpar ou julgar, elas se tornam defensivas. Lembre-se: quanto mais perigosa consideramos uma situação, maior será a probabilidade de nos fecharmos para proteger nossas identidades. O mesmo ocorre com os outros. Pedir permissão é simples, é como tocar a campainha de um amigo íntimo antes de entrar em sua casa; por mais que você tenha intimidade com ele, é melhor esperar pelo convite. Eis alguns exemplos:

- Posso dizer uma coisa que está na minha cabeça e que não pára de me atazanar?
- Mesmo correndo o risco de parecer que estou boiando – e talvez esteja mesmo –, posso fazer uma pergunta?
- Pensei muito sobre isso e preciso pôr uma questão na mesa. Talvez seja difícil falar sobre isso, talvez não. Não quero que a possibilidade de o assunto ser difícil nos impeça de falar dele.
- Pode ser que só eu esteja sentindo isso, mas parece que estamos deixando de ver um ângulo na nossa discussão. Pode ser que não, e nesse caso não vai ser difícil descartá-lo e ir em frente. Mas também pode ser que sim.

2. Esclareça sua intenção

Após recebermos permissão para revelar o que está em nossas mentes, o ato de esclarecer nossa intenção aumenta a probabilidade de os outros ouvirem a mensagem sem fazer interpretações equivocadas. "Que peitoral é mais resistente", exclamou o Henrique VI de Shakespeare, "do que um coração puro?" Lembre-se: a intenção da humildade é a dedicação ao progresso. Agora é um bom momento para lembrar isso. Há pelo menos três razões para esclarecermos nossas intenções:

1. Permitir que os outros saibam por que estamos mencionando determinado assunto; impedi-los de fazer suposições sobre nossas intenções ou de nos atribuir uma intenção negativa.
2. Reduzir a chance de as palavras interferirem na nossa mensagem.
3. Por meio de uma declaração pública da nossa intenção, lembrar a *nós mesmos* de manter a fidelidade a ela.

Às vezes, principalmente em situações tensas, não conseguimos encontrar as palavras certas. Mesmo quando as encontramos, elas podem ser mal interpretadas. Mas, se nossa intenção for boa, as identidades permanecerão seguras e o foco da conversa se manterá nas idéias. Eis alguns exemplos de como obter permissão e, ao mesmo tempo, esclarecer nossas intenções:

- Gostaria de botar na mesa algo que está me incomodando. Neste momento, não estou convencido de que a lógica por trás desse projeto seja sólida. Protelei dizer qualquer coisa por achar que meu comentário pudesse parecer negativo. Pode parecer mesmo, mas meu desejo é que a melhor idéia vença, seja minha ou não. Se houver uma falha no meu raciocínio, aponte-a e eu não tocarei mais no assunto. Se a sua lógica estiver errada, espero o mesmo de você. Se nós todos estivermos errados, poderemos ter outra idéia.

- Gosto da maneira como debatemos idéias em nossa equipe: é saudável. Ao mesmo tempo, sinto que não nos contestamos o *suficiente* quando se trata de saber se nossas idéias realmente beneficiarão a empresa como um todo ou não, por mais que gostemos delas. Acho que a proposta em questão poderia acabar prejudicando sem querer o negócio. Pode ser que eu esteja errado, mas acho que, em nosso entusiasmo, estamos deixando passar alguma coisa.
- Acho que deveríamos enterrar esse projeto. Isso não significa que deveríamos, mas estou ficando cada vez mais convencido de que essa é uma opção muito real. Para mim é muito difícil dizer isso porque sempre defendi essa idéia, mas não acho que ela atenda as necessidades do cliente do modo que gostaríamos.

Nos exemplos acima, em vez de dizer "estamos errados", dissemos: "Não estou certo de que a lógica por trás desta idéia seja sólida." Em vez de dizer "estamos cometendo um erro", dissemos: "A proposta em questão poderia, sem querer, prejudicar o negócio." Quando a intenção é inequívoca, fica mais fácil para o outro se concentrar na mensagem em vez de questionar nossa intenção ou interpretá-la, de forma errada, como um ataque à sua identidade.

3. Seja sincero

A sinceridade é o nosso esforço para expor fatos da melhor maneira possível e colocá-los na pauta de discussão. Esse é o momento da verdade – aquele em que revelamos o que está em nossa mente da maneira mais clara e sincera que conseguimos.

Um gerente que entrevistamos para nossa pesquisa contou uma boa história sobre sinceridade ocorrida numa reunião crucial que ele tivera com o diretor executivo de vendas de uma empresa. A reunião tinha sido motivada por um corte de recursos repentino e decidido nos bastidores. Três semanas antes da reunião, o gerente recebera permissão para contratar duas pessoas fundamentais para a implementação da nova estratégia de sua unidade. A equipe da área administrativa tinha entrevistado vários candidatos e estava pronta para ir em frente. Antes de fazer as propostas, eles enviaram a papelada burocrática para a contratação dos dois funcionários ao setor de recursos humanos. Os pedidos foram negados. Quando o gerente perguntou o motivo do indeferimento, ouviu o seguinte: "Na semana passada, o diretor executivo telefonou e cancelou essas contratações."

Depois de repetidas mensagens conflitantes, a equipe do setor administrativo sentia que o diretor executivo tinha se tornado quase indecifrável. Sua indefinição estava consumindo uma enorme energia de toda a unidade. Uma vez ele tinha chamado aquele grupo de "ilha de excelência num mar de mediocridade", mas suas atitudes não confirmavam tais palavras. Como os novos colaboradores eram fundamentais para a estratégia deles, o gerente conseguiu marcar uma reunião com o diretor executivo para tentar descobrir por que ele tinha mudado de idéia e retirado seu apoio.

A reunião, programada para durar duas horas, começou às 10 da manhã em ponto. "Concordei em fazer essa reunião porque desejo compreender as preocupações de vocês e discutir sua proposta", disse o diretor executivo. "O meu único propósito é ouvir vocês. Não tenho nenhum outro interesse oculto. Mas gostaria de saber se vocês me concederiam alguns minutos para estabelecer um contexto para a nossa reunião." A equipe concordou. Nos 37 minutos seguintes, o diretor executivo falou sem parar. Acompanhado de diagramas afixados em um quadro, ele repetiu o que parecia ser toda a estratégia que tinha apresentado nos dois anos anteriores. Estupefata, a equipe permaneceu sentada esperando sua vez de falar. Às 10h38, ele se sentou e disse: "Agora, o tempo é todo de vocês. Sou todo ouvidos."

Um membro da equipe, que estava a caminho de uma reunião com um cliente, acompanhava tudo pelo viva-voz de seu telefone celular. O que ele teria a dizer foi reduzido porque ele precisava entrar num avião. "Respeito aquilo que o senhor disse e, neste ponto, não tenho muito a declarar", ele começou. "E, mesmo que tivesse, não me resta muito tempo para falar. Minha preocupação é a seguinte: esta reunião é um exemplo do seu estilo e de como o senhor dirige nossa empresa. Esta é a última vez que vamos falar sobre nossa proposta. O senhor ocupou quase metade do tempo que nos tinha concedido para repetir suas idéias sobre a direção da empresa. O que eu não entendo é como o senhor espera compreender nossa proposta se não nos concede tempo suficiente para apresentá-la. No início, o senhor disse que seu propósito era nos ouvir e, agora, não vejo como isso será possível."

A sala ficou em silêncio. Surpreso com a sinceridade, o diretor executivo olhou em volta para ver se o orador estava brincando ou falando sério. Esperando se recuperar, entregou o tempo que restava àqueles que ainda estavam na sala. Como aquela era a reunião em que tinha se comprometido a tomar uma decisão final, ele assumira o compromisso de ler a proposta antes da reunião. À medida que desfiavam seu conteúdo, porém, ficou claro para os membros da equipe que, embora tivesse prometido, o diretor executivo não lera o documento com atenção. "Li a proposta", ele disse, "mas não vi qualquer conexão com nossa estratégia." Quando lhe perguntaram o que especificamente não se encaixava, ele não soube responder. Sua amnésia não se equiparava à sua extraordinária capacidade para números ou à sua quase fotográfica memória de outras ocasiões. "O senhor tem uma das mentes mais excepcionais que eu conheço", disse o gerente geral, "mas parece não se lembrar de qualquer detalhe da nossa proposta. Isso nos faz pensar que o senhor não está de fato ouvindo ou interessado."

O que tinha sido combinado antes da reunião era que o diretor executivo tomaria uma decisão. Mas ele se recusou a revelar o que de fato achava e fez outra manobra "protelatória". "Antes de tomar uma decisão", ele disse, "vou ler a proposta de vocês mais uma vez." Contudo, em outra reação sincera, o gerente geral disse: "Não estou certo de ter compreendido que diferença mais uma leitura fará. Discutimos todos os elementos essenciais hoje. Quando nos dirigimos ao senhor, o senhor balança a cabeça indicando aprovação, mas, a seguir, nos dá uma resposta evasiva. Ficaremos satisfeitos tanto com um sim quanto com um não, mas não viemos aqui esperando ouvir outro 'talvez'."

Após a reunião, surpresos, seus colegas lhe perguntaram por que ele tinha feito aquilo. "Bem", ele respondeu, "se aquilo que você está fazendo não está dando certo, tente alguma coisa diferente. Essa foi a maneira mais diferente que consegui imaginar e, mesmo assim, não conseguimos chegar a ele. Ainda não temos uma resposta." Por fim, a decisão chegou.

Não.

Mas então que benefício a sinceridade trouxe para aquela interação? A *decisão*. Ao fazer avançar o debate, a equipe da área administrativa transformou uma eterna luz amarela em vermelha. Ao fazer isso, criou duas luzes verdes: o diretor executivo pôde concentrar recursos naquilo em que realmente acreditava e aquela unidade parou de perder tempo com uma discussão sem futuro.

Quando somos sinceros, não podemos esperar que o mundo se mova em nossa direção, porque rompemos o silêncio frio com fatos duros. A veracidade também não supõe que sejamos imparciais ou infalíveis. Nossas percepções podem estar corretas, mas podem facilmente estar erradas também. Qualquer que seja o caso, as empresas melhoram quando as pessoas revelam seus pontos de vista.

A adesão

Antes de concluirmos o livro, vamos falar sobre o segundo significado da veracidade: a adesão à verdade. Isso geralmente implica mudança e a mudança é a própria essência da egonomia. Embora seja verdade que conhecimento significa poder, há uma clara diferença entre o poder de saber e a disciplina do se tornar. Se nossa busca revela a verdade e nós não mudamos por causa disso, é uma busca inútil. Quando resistimos à verdade ao nos depararmos com ela, fabricamos um tecido de cicatrizes egoístas que torna mais provável a ocorrência de resistências futuras. Não muito tempo atrás, estávamos em um táxi em Boston e o motorista queria conversar. Nós não. Ele venceu.

MOTORISTA DE TÁXI: ... eu passei por uma cirurgia para colocar quatro pontes de safena cerca de um ano atrás.

NÓS: Uau. Correu tudo bem?

MOTORISTA: Ah, sim, correu bem. Estou tendo aulas para controlar o estresse, tentando comer direito, tentando não ficar nervoso demais quando estou dirigindo.

NÓS: Isso é bom. Parabéns.

MOTORISTA: O problema é que não consigo largar a droga do cigarro. Meu médico diz que isso vai me matar, mas simplesmente não consigo. Provavelmente vou morrer com um cigarro na boca.

Provavelmente vai mesmo.

Mas, antes que o ego nos induza a nos colocarmos acima do motorista de táxi, imagine por um momento que, nos últimos meses, você venha sentindo uma dormência no braço esquerdo e de vez em quando um ligeiro aperto no peito. Preocupado o suficiente para investigar o que isso significa, você marca uma consulta com sua médica. Ela parece ficar preocupada e lhe pede alguns exames. Após um eletrocardiograma, um angiograma e testes de esforço, você retorna ao consultório para saber os resultados.

A médica lhe diz então que tem uma boa e uma má notícia. Você prefere ouvir a má primeiro, e ela lhe comunica que você precisa de uma cirurgia para colocar três pontes de safena. O caso é mais sério do que você imaginava. Depois de um momento para absorver a sombria novidade, você pergunta qual é a boa notícia. "Pelo que pude observar", ela diz, "não parece ser hereditário. Você não possui uma predisposição genética a este problema. Após realizarmos a cirurgia, poderemos impedir que ele volte a ocorrer se você cuidar de si mesmo, especificamente através de dieta e exercícios." Se ouvisse tais palavras diretamente do seu médico, você aderiria a elas?

Sim?

Talvez o fizesse, mas, antes de responder, reflita sobre o que vamos contar. Não muito tempo após aquela corrida de táxi, Alan Deutschman escreveu um artigo sobre como efetuar mudanças chamado "Mude ou morra" para a revista *Fast Company*. "E se lhe fosse dada essa opção? Isto é, de verdade. E se ela não fosse uma peça daquela retórica que equipara o desempenho corporativo a uma questão de vida ou morte, mas as verdadeiras vida e morte? As suas. E se um médico lhe dissesse que você precisa fazer mudanças sérias no modo como pensa e age, caso contrário, sua vida acabará em breve? Você conseguiria mudar? Aqui estão as probabilidades estudadas cientificamente: nove a um. Isso significa nove a um contra você."

No artigo, Deutschman cita o Dr. Edward Miller, diretor da Escola de Medicina e reitor executivo da Universidade Johns

Hopkins. Cerca de 600 mil pessoas fazem cirurgias de ponte de safena todos os anos nos Estados Unidos, e 1,3 milhão de pacientes cardíacos são submetidos a angioplastias, a um custo total de cerca de US$ 30 bilhões. Aproximadamente 50% das veias safenadas entopem em poucos anos e, nas angioplastias, em poucos meses. De acordo com o Dr. Miller, a forma de diminuir o número de pacientes que retornam para refazer a cirurgia é uma simples mudança para um estilo de vida mais saudável. No entanto, tal guinada raramente ocorre. "Se você examinar as pessoas dois anos após a cirurgia, verá que 90% delas não alteraram em nada seus estilos de vida", ele disse, "e isso já foi estudado à exaustão. É claro que existe aí um elo da corrente que não compreendemos. Embora saibam que estão com uma doença muito grave, e que precisam mudar, elas não conseguem."

E agora, qual é sua resposta – você mudaria?

É provável que sua resposta continue sendo sim. Ainda não fizemos essa pergunta a um grupo em que alguém respondesse: "Não. Prefiro operar o coração ou morrer." No entanto, mesmo em perigo, a maioria não muda. E, se as pessoas não mudam quando correm risco de vida, quais serão as probabilidades de mudarem seus hábitos no trabalho?

Quando não mudar é mudar

Como as estatísticas nesse caso são tão sombrias, aqui está algo que deve nos levar a refletir. Se não optarmos pela mudança, mudaremos de qualquer maneira. Mudamos todos os dias – sem fazer esforço algum. As pessoas que não mudam ficam para trás. Quando permanecemos imóveis, os outros nos ultrapassam e, conseqüentemente, nosso status muda. Os primeiros sinais de perigo são indícios de que estamos em ponto morto ou – mais precisamente – em marcha à ré, enquanto o universo nos ultrapassa. O mundo dos negócios mede o desempenho numa curva e, neste exato momento, alguém está empurrando esta curva para cima. Mesmo que ela esteja sendo deslocada por uma única pessoa, todo mundo passará a ser avaliado por um padrão mais alto.

É também possível que nosso mundo não esteja mudando. Talvez esteja estático e, portanto, aquilo que escrevemos não se aplique a ele. Certamente a indústria do petróleo não parece estar mudando de forma tão radical no aspecto tecnológico. Quem sabe não estamos seguros? Na economia da mudança, só mudaremos se aquilo que auferimos (dinheiro, crescimento, oportunidades, realização) não for suficientemente bom - se não estivermos satisfeitos. Nenhuma retórica pode obrigar as pessoas a progredir. A decisão de dar o próximo passo é uma escolha individual e só fazemos essa escolha quando a dor é tão intensa que o alívio passa a ser a prioridade máxima. Pode ser também que a oportunidade diante de nós nos deixe inquietos com o atual estado das coisas.

Em geral, as organizações - e as pessoas - que demonstram mais interesse em mudar caem em duas categorias: as que já são ótimas e as que estão morrendo. São as "razoavelmente boas" que raramente agem e optam pela mediocridade. Contudo, qualquer que seja nossa situação, se quisermos mudar, este é o momento. "Este não é o momento de nos darmos ao luxo de esmorecer", disse Martin Luther King Jr., "ou de tomar a droga tranqüilizadora do gradualismo." O ponto de partida para a mudança é irrelevante. É a partida em si que importa - um momento de cada vez.

NOTA: Um teste gratuito para avaliar a eficiência da sua equipe segundo os princípios da humildade, da curiosidade e da veracidade está disponível em www.testyourteam.com.

10. Veracidade

pontos básicos

- A veracidade não difere da verdade em seu propósito, mas na ação. A veracidade implica a busca habitual da verdade e a adesão a ela. Tanto a busca quanto a adesão são imensamente importantes: a busca para chegar à verdade e a adesão para efetuar a mudança após descobri-la.
- No mundo dos negócios, veracidade é a busca da *realidade* – a diferença entre aquilo que achamos estar acontecendo e aquilo que de fato está acontecendo. A busca precisa ser implacável porque o que é verdadeiro no mundo dos negócios ou na ciência de hoje pode mudar a qualquer momento.
- A veracidade no mundo dos negócios sofre quando as identidades são ameaçadas.
- O obstáculo à veracidade não é o fato de as pessoas não conseguirem ver a verdade ou expressá-la. O problema é que, em geral, a reação à verdade difícil de ser ouvida não é agradável. Como conseqüência da típica reação à sinceridade, a maioria das pessoas acha perigoso dizer a verdade.
- Para que a busca da verdade se torne um hábito individual e cultural, precisamos de duas habilidades específicas: *ouvir o que está sendo dito* e *revelar o que pensamos.*
- Um grande empecilho a ouvir o que está sendo dito é a crença de que discordar significa ser desleal. Quando vemos a discordância como deslealdade, fechamos nossa mente. Freqüentemente há uma intenção positiva por trás de um comentário negativo.
- Se quisermos que aqueles que estão "acima" ouçam, quem está revelando o que pensa tem a mesma responsabilidade dos que deveriam estar ouvindo.

- Precisamos tanto da humildade para revelar o que pensamos quanto os outros precisam dela para ouvir o que é dito. Aquilo que dizemos, como o dizemos e que intenção temos ao dizê-lo desempenham um papel fundamental no resultado da conversa. Embora seja verdade que algumas coisas não devem ser ditas, o silêncio muitas vezes sufoca o progresso.
- O medo é uma das principais razões de não revelarmos o que estamos pensando. São dois os medos básicos que nos mantêm calados: o medo de ser rotulado e o medo de dizer aquilo que não temos medo de pensar.
- Existem três passos para revelar o que pensamos de maneira eficiente: 1) pedir permissão, 2) esclarecer o que pretendemos e 3) ser sincero.
- A *adesão* à verdade é a segunda parte do significado da veracidade. Em geral, significa mudança. Embora seja correto dizer que conhecimento é poder, há uma nítida diferença entre o poder de saber e a disciplina de se tornar.

Apêndice

Primeiros sinais de perigo – as crenças

A maioria de nós é influenciada pelos primeiros sinais de perigo do ego – freqüentemente por mais de um deles. Eles aparecem de repente e transformam nossos pontos fortes em defeitos. Controlá-los requer esforço, mas, se pudermos identificar erros na lógica de nossas crenças, seremos capazes de vencê-los.

Na listagem a seguir, o primeiro item de cada tópico mostra pontos de vista saudáveis, referentes a quando nosso nível daquele sinal de perigo está adequado. A seguir vêm os indícios de que o limite de normalidade foi ultrapassado e perguntas para testar as crenças que podem estar levando você a passar do limite.

Primeiros sinais de perigo – emoções ou atitudes primárias

Nossos sentimentos e intenções são sempre verdadeiros, apesar de às vezes não revelados. O que sentimos nos permite saber se o ego está nos levando a níveis inadequados de um sinal de perigo. Assim, concluímos a lista identificando tipos de emoção ou atitude primárias relacionados a esses sinais.

Primeiro sinal de perigo: ser comparativo

Quando o nível é adequado: competição interna

Eu quero e espero vencer.

Quando ultrapassamos o limite

- Vejo quase todo mundo como rival.
- Não acho fácil ver outra pessoa ser reconhecida por seu desempenho.

Crenças que podemos testar

- Será que a competição desencoraja as pessoas talentosas menos competitivas de fazer contribuições?
- A competição sempre leva a um melhor desempenho?
- Você já viu a competição prejudicar sua equipe?
- Toda a equipe valoriza a competição da mesma forma?
- Todos na equipe reagem bem à competição?
- Competir pode prejudicar a colaboração?
- Neste caso específico, a competição é a melhor maneira de aumentar o desempenho da equipe?

Emoções/atitudes primárias

agressiva	rancorosa	avarenta	não cooperativa
complacente	derrotista	presunçosa	racionalizadora
ciumenta	implacável	invejosa	desmoralizada

Segundo sinal de perigo: ser defensivo

Quando o nível é adequado: minhas idéias

Boas idéias devem ser defendidas.

Quando ultrapassamos o limite

- Eu não deveria precisar defender minhas idéias.

Crenças que podemos testar

- Quando contestam minha idéia, estão *me* contestando?
- Será que a contestação vai se sustentar?
- Se ela prevalecer, serei visto como perdedor e menos capaz?
- Contestar é sempre negativo?
- A contestação tira o mérito do meu esforço?

Emoções/atitudes primárias

acusadora	evasiva	ciumenta	protetora
amarga	compassiva	crítica	rancorosa
cínica	indignada	justificada	sarcástica
invejosa	inflexível	justificadora	implacável

Terceiro sinal de perigo: exibir superioridade

Quando o nível é adequado: conhecimento

Tenho conhecimento e pontos de vista únicos.

Quando ultrapassamos o limite

- Dou conselhos mesmo quando não me pedem.
- Tenho todas as respostas.

Crenças que podemos testar

- Meus conselhos, mesmo os não solicitados, são relevantes?
- Esta é a melhor hora de compartilhar meu conhecimento?
- Esta seria a melhor forma de compartilhá-lo?
- Há algum preconceito por trás dos conselhos que dou?
- Minha opinião é sempre ouvida e apreciada?

Emoções/atitudes primárias

aborrecida	irritada	autoritária	menosprezadora
paternalista	insensível	presunçosa	controladora
indiferente	intolerante	impaciente	desdenhosa

Quarto sinal de perigo: buscar aceitação

Quando o nível é adequado: divergência

Quero que gostem das minhas idéias, mas a divergência pode ser produtiva.

Quando ultrapassamos o limite

- A divergência é uma forma de ataque.
- Fico perturbado se discordam do meu ponto de vista.

Crenças que podemos testar

- Só se discorda de uma idéia quando não se gosta da pessoa que a apresentou?
- Quando aprovam minha idéia significa que gostam de mim?
- Se discordam de parte da minha idéia, toda ela é ruim?
- Quando algumas pessoas discordam da minha idéia, todas as outras terão a mesma reação?
- Quando discordam da minha idéia significa que têm outra melhor?
- Não gostar da minha idéia é não me ver com bons olhos?
- Boas idéias têm de ser lapidadas para ficarem perfeitas?

Emoções/atitudes primárias

atormentada	ofendida	hesitante	desconcertada
rejeitada	antipática	insegura	rancorosa

Sobre os autores

Com décadas de experiência e formação em administração e psicologia, David Marcum e Steven Smith colaboraram em organizações como Microsoft, Accenture, Força Aérea dos Estados Unidos, General Electric, Disney e State Farm.

David Marcum pesquisou por mais de 10 anos o diferencial de comportamento do ego de grandes líderes. Seu livro anterior, *Business Think*, foi publicado em 40 países e traduzido para 18 idiomas, além de ter sido adotado em diversas universidades nos Estados Unidos.

Steven Smith tem 20 anos de experiência como pesquisador da dinâmica de trabalho de grandes equipes e líderes de destaque.

Em 2002, fundaram a MarcumSmith, pioneira em consultoria sobre egonomia, e desde então viajam por todo o mundo ajudando companhias dos mais diferenciados ramos, de agências governamentais a empresas presentes em listas como a *Fortune 500*, a fazer do ego um aliado corporativo.

Informações sobre os próximos lançamentos

Para receber informações sobre os lançamentos da Editora Sextante, basta cadastrar-se diretamente no site www.sextante.com.br

Para saber mais sobre nossos títulos e autores, e enviar seus comentários sobre este livro, visite o nosso site www.sextante.com.br ou mande um e-mail para atendimento@esextante.com.br

Editora Sextante
Rua Voluntários da Pátria, 45 / 1.404 – Botafogo
Rio de Janeiro – RJ – 22270-000 – Brasil
Telefone (21) 2286-9944 – Fax (21) 2286-9244
E-mail: atendimento@esextante.com.br